Smoke Movement and Control
of Subway and Tunnel Fires

地铁及隧道火灾烟气流动特性与控制

孟娜 唐飞 著

化学工业出版社

·北京·

内 容 简 介

《地铁及隧道火灾烟气流动特性与控制》是作者多年研究工作的成果总结。本书较为详尽地介绍了地铁、隧道火灾烟气流动特性及控制方面的研究成果。内容包括：绪论，地铁及隧道火灾的研究方法，地铁列车火灾烟气流动特性及控制，地铁站台火灾烟气流动特性及控制，障碍物作用下隧道火灾烟气流动特性，集中排烟作用下隧道火灾烟气流动特性，细水雾作用下地铁列车火灾烟气蔓延特性。

本书可作为从事地铁、隧道建筑火灾领域的研究人员和工程技术人员的参考书籍，也可作为高等院校安全工程、消防工程等相关专业学生的参考教材。

图书在版编目（CIP）数据

地铁及隧道火灾烟气流动特性与控制/孟娜，唐飞著.
—北京：化学工业出版社，2020.10
ISBN 978-7-122-37857-6

Ⅰ.①地… Ⅱ.①孟…②唐… Ⅲ.①地下铁道-火灾-烟气控制②隧道-火灾-烟气控制 Ⅳ.①U231②U458

中国版本图书馆 CIP 数据核字（2020）第 188980 号

责任编辑：李 琰　宋林青　　　　　装帧设计：韩　飞
责任校对：宋 玮

出版发行：化学工业出版社（北京市东城区青年湖南街 13 号　邮政编码 100011）
印　　装：涿州市般润文化传播有限公司
787mm×1092mm 1/16 印张 9¾ 字数 240 千字　2020 年 12 月北京第 1 版第 1 次印刷

购书咨询：010-64518888　　　　　　　　售后服务：010-64518899
网　　址：http://www.cip.com.cn
凡购买本书，如有缺损质量问题，本社销售中心负责调换。

定　　价：88.00元　　　　　　　　　　　　　　　　　　版权所有　违者必究

前言

随着社会进步和交通事业的发展，地铁、隧道特殊建筑不断增多。地铁、隧道在给人们的生活和交通出行带来便利的同时，也给消防安全带来了一定的挑战。与地面常规建筑相比，地铁、隧道空间相对封闭、狭长，一旦发生火灾，火灾产生的热量难以排出，导致烟气温度较高；火灾发生时往往不完全燃烧，导致烟气中含有大量有毒有害气体。高温有毒有害烟气在建筑空间长距离蔓延，烟气层不断沉降，使得人员疏散非常困难。因此，地铁火灾和隧道火灾往往造成重大人员伤亡和财产损失。研究表明，火灾中的人员伤亡主要是由烟气中毒和窒息导致的。因此，为有效控制地铁、隧道火灾烟气蔓延，需要对地铁、隧道火灾烟气流动特性及其特征参数分布开展系统研究，为地铁、隧道火灾防控提供基础理论支撑。

本书较为详尽地介绍了作者及国内外同行在地铁、隧道火灾烟气流动特性及控制方面的研究成果。全书共7章，由孟娜和唐飞共同撰写。孟娜拟定了全书的大纲，并对全书进行了统稿。第1章由孟娜撰写，主要介绍了地铁及隧道火灾的基本特点及其通风和排烟模式。第2章由孟娜撰写，主要介绍了地铁及隧道火灾的研究方法，包括实验和数值模拟。第3章由孟娜撰写，主要介绍了地铁列车火灾停靠车站时的烟气流动特性及控制。第4章由孟娜撰写，主要介绍了地铁站台火灾烟气流动特性及其控制。第5章由孟娜和唐飞撰写，主要介绍了障碍物作用下隧道火灾烟气流动特性。第6章由唐飞撰写，主要介绍了集中排烟作用下隧道火灾烟气流动特性。第7章由孟娜撰写，主要介绍了细水雾作用下地铁列车火灾烟气蔓延特性。

本书的研究工作得到了国家自然科学基金项目（51974175，51776060，51504144）的支持。本书的部分素材来自于孟娜的学位论文，指导教师为杨立中教授、胡隆华教授，部分素材来自唐飞指导的梅凤珠、何清研究生的学位论文。本书在撰写过程中，引用了国内外同行的相关研究成果，在此一并表示感谢。

由于作者水平有限，书中难免会有疏漏与不足之处，恳请广大读者批评指正。

孟 娜

2020年6月

目 录

第1章 绪 论 1
  1.1 典型狭长受限空间 1
    1.1.1 地铁 1
    1.1.2 隧道 3
  1.2 典型狭长受限空间火灾案例 4
    1.2.1 地铁火灾 4
    1.2.2 隧道火灾 5
  1.3 典型狭长受限空间火灾基本特性 7
    1.3.1 地铁火灾的基本特性 7
    1.3.2 隧道火灾的基本特性 7
  1.4 典型狭长受限空间通风与排烟模式 8
    1.4.1 地铁通风与排烟模式 8
    1.4.2 隧道通风与排烟模式 9
  参考文献 11

第2章 地铁及隧道火灾的研究方法 13
  2.1 模型实验 13
    2.1.1 相似准则 13
    2.1.2 典型地铁隧道试验模型简介 15
  2.2 计算机模拟 23
    2.2.1 计算流体力学基础 23
    2.2.2 FDS 软件简介 26
  参考文献 31

第3章 地铁列车火灾烟气流动特性及控制 33
  3.1 列车火灾烟气流动特性 33
    3.1.1 烟气温度分布预测模型 34
    3.1.2 实验设置 35
    3.1.3 隧道轨行区温度分布 36
    3.1.4 站台区温度分布 44

3.2　列车火灾烟气控制模式优化 ·· 47
　　3.2.1　CFD数值模型 ··· 49
　　3.2.2　全封闭式屏蔽门设置形式下多套烟气控制系统的协同工作模式优化 ············ 52
　　3.2.3　半高安全门设置形式下多套烟气控制系统的协同工作模式优化 ··················· 54
　3.3　辅助烟气控制设施挡烟垂壁和防火卷帘设置形式优化 ·· 58
　　3.3.1　数值模型和火灾场景设置 ·· 58
　　3.3.2　车站烟气质量分数的分布 ·· 58
　参考文献 ··· 60

第4章　地铁站台火灾烟气流动特性及控制　62

　4.1　狭长空间温度衰减模型 ··· 63
　4.2　顶棚射流温度分布 ··· 65
　　4.2.1　理论分析 ··· 65
　　4.2.2　实验设计 ··· 67
　　4.2.3　实验结果与讨论 ·· 69
　4.3　屏蔽门设置形式对机械排烟效果的影响 ·· 72
　　4.3.1　模拟设置 ··· 73
　　4.3.2　模拟结果 ··· 75
　4.4　补气方式对机械排烟效果的影响 ·· 78
　　4.4.1　模拟设置 ··· 79
　　4.4.2　模拟结果 ··· 80
　参考文献 ··· 82

第5章　障碍物作用下隧道火灾烟气流动特性　84

　5.1　障碍物作用下烟气逆流长度演化特征 ·· 84
　　5.1.1　实验设计 ··· 85
　　5.1.2　障碍物阻塞比对烟气逆流长度的影响 ·· 87
　5.2　障碍物诱导尾流作用下火羽流行为 ·· 89
　　5.2.1　模型设置 ··· 89
　　5.2.2　隧道内流场 ··· 91
　　5.2.3　火羽流特点 ··· 92
　　5.2.4　温度分布 ··· 96
　5.3　障碍物作用下烟气层厚度演化特征 ·· 100
　　5.3.1　实验设计 ··· 100
　　5.3.2　隧道顶棚下方一维羽流蔓延区域的确定 ·· 101
　　5.3.3　竖向温度分布 ··· 102
　　5.3.4　烟气层厚度 ··· 103
　参考文献 ··· 108

第6章 集中排烟作用下隧道火灾烟气流动特性 110

6.1 集中排烟作用下隧道火灾烟气层卷吸特性 111
6.1.1 实验设计 112
6.1.2 一维羽流区域确定与烟气流动特性 113
6.1.3 集中排烟模式下烟气层温度特征和卷吸系数演化 114
6.1.4 集中排烟模式下隧道一维羽流区域空气卷吸系数预测模型 115

6.2 集中排烟作用下隧道火灾烟气层厚度演化特征及吸穿现象 119
6.2.1 实验设计 119
6.2.2 烟气层厚度测量与模型计算 121
6.2.3 隧道火灾烟气层厚度演化特征与吸穿现象 122

6.3 纵向风和集中排烟协同作用下抑制烟气逆流的临界通风风速 127
6.3.1 实验设计 129
6.3.2 纵向风和集中排烟作用下烟气蔓延特征 129
6.3.3 纵向风和集中排烟作用下临界风速特征 130

参考文献 135

第7章 细水雾作用下地铁列车火灾烟气蔓延特性 140

7.1 全尺寸实验设计 141
7.2 实验结果 144
7.2.1 典型实验现象 144
7.2.2 温度场分布 145
7.2.3 CO 浓度分布 147

参考文献 149

第1章

绪 论

狭长受限空间[1,2]作为一种特殊建筑结构形式,其建筑结构特点是纵向方向的尺寸远大于高度或横向尺寸,出口较少,且多位于建筑两端,由于出口较少导致自然通风口面积占建筑总面积比例较小。常见的狭长受限空间类型有交通隧道、地铁、地下人行通道、地下商业街、民用建筑长廊等。狭长受限空间以其特殊的建筑结构形式在给人类生产生活带来便利的同时,也给消防安全带来新的挑战。狭长受限空间发生火灾时,火灾烟气沿狭长受限空间纵向蔓延并不断向地面沉降,使得狭长受限空间火灾烟气流动特性与控制不同于一般的建筑类型。

1.1 典型狭长受限空间

1.1.1 地铁[3-21]

地铁是地下铁道交通的简称,大多运行在地下隧道,也有地面路段。地铁采用有轨电力机车牵引,是城市现代化进程的产物。随着城市化进程的不断加快,城市人口日趋增长,尤其是大中型城市,对交通运输的需求不断增长,地铁以其独有的优势成为解决城市交通拥挤的重要工具。

由于地铁通常位于地下,地铁与城市路面交通工具相比具有以下优点:一是地铁的运载量非常大,由于地铁列车一般由5~6节列车厢组成,地铁的运输能力往往是地面公共汽车(或称公交车)的几倍;二是速度快,地铁大多位于地下运行,不受地面交通拥挤的影响,并且地铁列车在特定轨道上行驶,因此地铁的速度往往是地面公交车的几倍。

世界上第一条地铁"伦敦大都会铁路",就是为了解决当时伦敦地面交通拥挤问题而建的。伦敦地铁于1856年开始修建,1863年1月10日正式投入运营。至今伦敦地铁总长402千米,运营总长排名全球第四。地铁线路四通八达,几乎覆盖了伦敦的大部分区域。

纽约地铁要稍晚于伦敦地铁,1868年纽约市建成高架铁道并投入运行。1907年纽约市第一条建于地下的铁路系统建成通车。纽约地铁可24小时运营,对于运载量比较大的线路实行多条轨道并行运营,是世界上运营效率最高的地铁系统之一。经过一个多世纪的发展,纽约地铁站数约472个,商业营运线路长度为394千米(245英里),用以运营的轨道长度约为1070千米(665英里),总铺轨长度达1370千米(850英里)。地铁基本贯穿了整个纽约市,极大地促进了纽约市的发展。

东京是亚洲最早开通地铁的城市。东京地铁于1927年开通,1955年以后,为了解决城市迅速发展带来的人口出行问题,东京地铁得到了快速发展。东京地铁呈放射状分布,目前由两家公司运营。据2018年12月8日东京地铁官网显示,东京地铁共开通13条线路,包括东京地下铁 9 条路线，都营地铁 4 条路线，线路总长 312.6 千米，共计 290 座车站投入运营。

柏林第一条地铁于 1902 年建成通车，是世界上第五个拥有地铁系统的城市。目前柏林地铁由柏林运输公司经营。

国内地铁的建设相对较晚，北京地铁规划于 1953 年，建于 1965 年，运营于 1969 年，北京是我国第一个拥有地铁系统的城市。截至 2019 年 12 月，北京市轨道交通路网运营线路达 23 条、总里程 699.3 千米、车站 405 座（包括换乘站 62 座）。截至 2019 年 12 月，北京地铁在建线路 15 条。

上海地铁于 1995 年正式开通运营，上海是中国大陆第三个拥有地铁系统的城市。截至 2018 年 12 月，上海地铁运营线路共 16 条，共设车站 415 座（含磁浮线 2 座），运营里程共 705 千米（含磁浮线 29 千米）。

深圳地铁始建于 1999 年，2004 年深圳地铁一期工程通车运营。据 2019 年 12 月深圳地铁官网信息显示，深圳地铁已开通运营线路共有 8 条，分别为 1 号线、2 号线、3 号线、4 号线、5 号线、7 号线、9 号线、11 号线。全市地铁运营线路总长 303.44 千米，构成覆盖深圳市罗湖区、福田区、南山区、宝安区、龙华区、龙岗区六个市辖行政区的城市轨道网络。

南京地铁第一条线路于 2005 年开通，使南京成为中国大陆第六个拥有地铁的城市。截至 2019 年 12 月，南京地铁已开通的运营线路共有 10 条，包括 1 号线、2 号线、3 号线、4 号线、10 号线、S1 号线、S3 号线、S7 号线、S8 号线及 S9 号线，均采用地铁系统，共 174 座车站（换乘站重复计算），地铁线路总长 378 千米，线路总长居中国第 4（仅次于上海、北京、广州）、世界第 5 位，构成覆盖南京全市 11 个市辖区的地铁网络，南京成为中国第一个区县全部开通地铁的城市。

西安地铁第一条线路于 2011 年 9 月 16 日开通试运营，使西安成为中国西北地区第一个开通地铁的城市。截至 2019 年 9 月，西安市开通运营的地铁线路共有 5 条，分别为 1 号线、2 号线、3 号线、4 号线、机场城际线，均采用地铁系统，共计 161.46 千米；共设车站 107 座，其中换乘车站 7 座。

青岛地铁第一条线路——青岛地铁 3 号线于 2015 年 12 月 16 日开通试运营。截至 2019 年 12 月，青岛地铁开通运营线路共有 4 条，即青岛地铁 3 号线，共设车站 22 座，全长 25.2 千米；青岛地铁 2 号线一期，共设车站 21 座，全长 25.2 千米；青岛地铁 11 号线，共设车站 22 座，全长 58.4 千米。青岛地铁 13 号线一期和二期南段，共设车站 21 座，全长 67.0 千米。

合肥地铁第一条线路于 2016 年 12 月 26 日正式开通运营，使合肥成为安徽省第 1 个、长三角第 7 个开通地铁的城市。截至 2019 年 12 月，合肥轨道交通运营线路共有 3 条：合肥轨道交通 1 号线、合肥轨道交通 2 号线、合肥轨道交通 3 号线，线网覆盖合肥瑶海区、包河区、蜀山区、庐阳区、肥西县，运营线路总长 89.58 千米，全线共设 77 座站点。

随着我国城市化的发展和城市人口的不断增多，越来越多的城市地铁正在建设和规划中，地铁已成为一个城市现代化的象征。然而，地铁在给城市交通带来便利的同时，地铁系统由于自身特殊结构和功能，应对火灾的能力相对较弱，这也给地铁消防安全带来了新的挑战。20 世纪 80 年代以来，群死群伤的重特大地铁火灾事故不断出现，这些事故以其惨痛的教训警示我们地铁火灾形势非常严峻，开展地铁火灾研究势在必行。

1.1.2 隧道

隧道是埋置于地层内的一种特殊工程建筑物，空间结构相对狭长而封闭。根据用途的不同，隧道可分为交通隧道、水工隧道、市政隧道、矿山隧道和人防隧道等。交通隧道是一种供车辆和行人通行的隧道，包括公路隧道、铁路隧道、地铁区间隧道以及地下人行通道等[1,2,22]。

交通隧道按照其所在的位置划分，可以分为山岭隧道、水下隧道和城市隧道；按照长度划分，可以分为短隧道、中长隧道、长隧道和特长隧道。按照施工方法分类，隧道可以分为明挖法隧道、盖挖法隧道、暗挖法隧道、盾构法隧道、沉管法隧道、掘进机法隧道和顶管法隧道。

公元前2180～前2160年，在幼发拉底河下修建的一条约900m长的砖衬砌人行通道，是迄今已知的最早用于交通的隧道。中国最早用于交通的隧道是古褒斜道上的石门隧道，建成于东汉永平九年（公元66年）。在中世纪，隧道主要用于开矿和军事。17世纪和18世纪，随着运输事业的发展和技术的进步，尤其是工程炸药的应用，修建通航隧道和道路隧道的工程也发展起来。20世纪以来，汽车运输量不断增加，公路路线标准相应提高，公路隧道也逐渐增多。2007年建成通车的秦岭终南山隧道，是世界上第一座采用双洞单向行驶的特长山岭公路隧道。据交通运输部发布的《2018年交通运输行业发展统计公报》显示，截至2018年末，全国公路隧道17738处、1723.61万米。

自英国于1826年起在蒸汽机车牵引的铁路上开始修建长770米的泰勒山单线隧道和长2474米的维多利亚双线隧道以来，英、美、法等国相继修建了大量铁路隧道。19世纪共建成长度超过5千米的铁路隧道11座，有3座超过10千米，其中最长的为瑞士的圣哥达铁路隧道。1892年通车的秘鲁加莱拉铁路隧道，海拔4782米，是现今世界最高的标准轨距铁路隧道。在20世纪初期，欧洲和北美洲一些国家铁路形成铁路网，建成的5千米以上长隧道有20座，其中最长的是瑞士和意大利间的辛普朗铁路隧道，长19.8千米。至1950年，世界铁路隧道最多的国家有意大利、日本、法国和美国。日本至20世纪70年代末共建成铁路隧道约3800座，总延长约1850千米，其中5千米以上的长隧道达60座，为世界上铁路长隧道最多的国家。

我国铁路隧道起步相对较晚，于1887～1889年在台湾省台北至基隆窄轨铁路上修建的狮球岭隧道，是中国的第一座铁路隧道，长261米。自20世纪50年代以来，隧道修建数量大幅度增加，1950～1984年期间共建成标准轨距铁路隧道4247座，总延长2014.5千米，成为世界上铁路隧道最多的国家之一。2014年全线贯通的青藏铁路新关角隧道是目前世界最长的高原铁路隧道，建成通车后，青藏铁路列车通过关角山的时间将从2个小时缩短为20分钟。

随着城市交通运输的发展，城市水下公路隧道和地铁隧道发展迅速[23-27]。全世界已建成和计划建设的海底隧道有20多条，主要分布在日本、美国、西欧、中国香港等国家和地区。从工程规模和现代化程度上看，当今世界最有代表性的跨海隧道工程有英法海底隧道和日本青函隧道。2010年通车运营的翔安隧道是我国大陆第一条海底隧道，青岛胶州湾隧道是大陆第二条海底隧道。港珠澳大桥海底隧道全长5.6千米，是世界最长的公路沉管隧道和唯一的深埋沉管隧道，也是我国第一条外海沉管隧道，海底部分约5664米，由33节巨型沉管和1个合龙段最终接头组成，最大安装水深超过40米。

1.2 典型狭长受限空间火灾案例

1.2.1 地铁火灾

地铁车站（又称地铁站）主要用于乘客候车、上下车以及换乘等，因此地铁站的人员密度比较大。地铁车站主体一般包括站厅层、站台层以及与站台层相连的隧道轨行区。站厅层主要用于乘客购票和检票，通过出入口与地面相连。站台层主要用于乘客上下车和候车，在站台层的顶部设有水平开口，通过在开口处设置楼梯和自动扶梯实现站台层和站厅层的连通。与站台相连的隧道区又称为隧道轨行区。站台层和隧道轨行区之间往往设有屏蔽门，把站台层和隧道轨行区隔离开来。

地铁车站根据隧道与站台之间的位置关系，可以分为三种：①岛式地铁车站，隧道位于站台的两侧；②侧式地铁车站，站台分别位于两条隧道的两侧；③混合式地铁车站，一个地铁车站同时设有上述两种类型车站。典型岛式地铁车站结构示意图见图1.1。

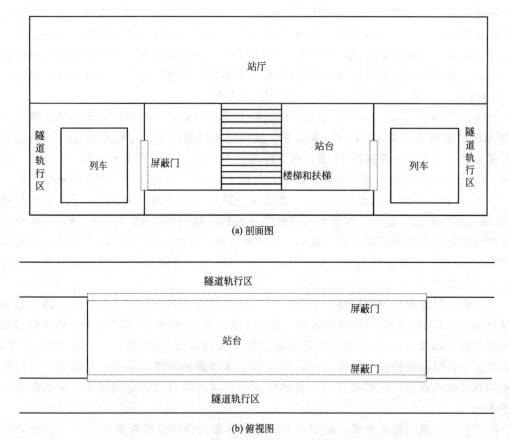

图1.1 典型岛式地铁车站结构示意图

鉴于地铁独特的交通运输功能和特殊的建筑结构，一旦发生火灾，后果往往非常严重。下面以几起比较著名的地铁火灾事故为例，详细阐述地铁火灾的危害性。

(1) 英国伦敦金十字地铁站火灾[28,29]

1987年11月18日，伦敦金十字地铁站有乘客发现4号自动扶梯下面起火，随即在该扶梯的顶部按下紧急停止按钮。起火后10分钟，车站停止售票，售票厅的乘客开展疏散。随后，消防人员赶到现场，但期间仍有列车进站，并让乘客上下车。第一辆消防车尚未来得及出水，4号自动扶梯上端和售票厅内发生轰燃。此次事故造成32人死亡，100多人受伤。图1.2为英国伦敦金十字地铁火灾的资料图片。

图1.2 英国伦敦金十字地铁站火灾现场

(2) 阿塞拜疆巴库地铁火灾[30,31]

1995年10月28日，阿塞拜疆一辆地铁列车发生火灾，随后，列车司机紧急刹车，错误地把列车停在隧道内。大火从第四节车厢蔓延到第五节车厢，导致这两节车厢几乎全部烧毁，但这两节车厢的乘客大多数成功逃脱，而在其他车厢，由于恐慌和烟雾作用，大量乘客都死在前面三节车厢。此次事故原因调查表明，火灾产生的烟气是造成大量人员死亡的主要原因。此次事故造成558人死亡，269人受伤。

(3) 韩国大邱地铁火灾[32-35]

2003年2月18日，韩国大邱市1079号地铁列车在行驶过程中，车上一男子突然点燃随身携带的易燃燃料，起火后列车座椅上的可燃材料被引燃。随后，火灾很快从起火车厢蔓延到其他车厢。1079号列车起火后1080号列车又驶入车站。当1080号列车司机准备驶出车站时，由于电流中断，车辆无法行驶，随后又由于列车司机的错误操作，乘客无法打开列车车门。从而导致此次事故受害者多为1080号列车乘客，而非1079号。此次事故造成192人死亡，140多人受伤。图1.3为韩国大邱地铁火灾的资料图片。

1.2.2 隧道火灾

隧道在给人类交通出行带来便利的同时也给消防安全带来极大的挑战，隧道火灾一旦发生往往造成重大人员伤亡和财产损失。尤其是随着隧道交通流量的增大以及运输物品的复杂性，隧道火灾风险不断增大，火灾后果的严重性也不断增大。下面以几起国内外隧道火灾事故为例，详细阐述隧道火灾的危害性。

图 1.3 韩国大邱地铁火灾现场

(1) 1972 年日本北陆隧道火灾

1972年11月6日凌晨1时30分，日本50次旅客快车在北陆干线上以每小时60千米的速度运行，行至敦贺车站与今庄车站之间的北陆隧道（全长13.8千米）内时，处于第11列的餐车起火，列车乘务人员奋力补救，车长拉紧急制动阀，同时用无线电话向电力机车司机报告这一情况，司机立即采取紧急措施，使列车停在距北陆隧道敦贺方向入口处约5.3千米的隧道内。随后迅速将前后车厢与着火餐车分离，相距60米，并及时切断电源。事故现场成立事故对策指挥部，积极组织抢救。在警察、消防自卫队、医院各方面支援、配合下，救出大部分旅客和值乘人员，并将火扑灭。直至22点45分全线恢复通车。这次事故造成人员伤亡惨重，全列车有旅客和值乘人员782人，其中30人死亡、714人受伤；着火区的吸烟室、乘务员室、餐厅、厨房设备、地板全部烧毁，车辆地板下面的机器、蓄电池箱也被烧坏，其他设备均有轻度烧损、变形。事故后，经过深入细致的调查，根据福井地方法院调查判决，确定是餐车吸烟室座椅下电采暖接线不良造成漏电所致。

(2) 1999 年勃朗峰隧道大火[36,37]

1999年3月24日上午11时许，在法国连接意大利的勃朗峰隧道，一辆满载面粉和黄油的比利时卡车在隧道中部失火，接着殃及前后车辆。隧道内浓烟滚滚并传出了数声爆炸声。大火燃烧所产生的高温使这条隧道的混凝土穹隆全部沙化，而铺路的沥青则全部被烧成了泡沫翻腾的黏稠浆体。第一批前来营救的消防队员身背着氧气装置进入隧道，试图营救里面的幸存者。但没过多久，他们就满脸漆黑、大汗淋漓地撤退了出来，他们当中的很多人甚至被隧道内地狱般的情景惊骇得说不出话来。营救工作没有成功，还有一名消防队员以身殉职。这场震惊世界的勃朗峰隧道大火持续了48个小时。在38名遇难者中，绝大多数是由于通道封闭而被困在自己的汽车中死亡的。由于温度过高，燃烧时间过长，很多尸体已被烧焦到无法辨认的程度。

调查发现：货车中装载的9吨人造黄油是造成如此严重火灾的原因。黄油这类平常不算是危险品的物质，在融化之后几乎和汽油一样危险。司机的烟蒂引燃了空气过滤器而起火，点燃了冷冻车里的聚苯乙烯（绝热材料），产生高温并融化了车里装载的黄油，它们燃烧并放出大量热能，使火势发展到了不可收拾的地步。隧道内的温度达到了几千摄氏度，地面和混凝土结构都能被烧化。

(3) 1987 年中国陇海线十里山隧道火灾

1987 年 8 月 23 日 7 时 34 分，由兰州站发出的 1818 次货物列车在陇海线兰州东—桑园间，穿越十里山二号隧道时因钢轨折断，造成机后六、七辆罐车脱转颠覆，16 个油罐车在洞内起火，烈火燃烧了一昼夜，使陇海线天兰段中断行车 201 小时 56 分，三名押运人员死亡，报废货车 23 辆，隧道裂损 179 米，损坏线路 763 米，直接经济损失 240 万元。事故的直接原因是钢轨疲劳损伤，没有及时更换。

(4) 中国晋济高速岩后隧道火灾

2014 年 3 月 1 日 14 时 45 分许，位于山西省晋城市泽州县的晋济高速公路山西晋城段岩后隧道内，两辆运输甲醇的铰接列车追尾相撞，前车甲醇泄漏起火燃烧，隧道内滞留的另外两辆危险化学品运输车和 31 辆煤炭运输车等车辆被引燃引爆，造成 40 人死亡、12 人受伤和 42 辆车烧毁，直接经济损失 8197 万元。

1.3 典型狭长受限空间火灾基本特性

1.3.1 地铁火灾的基本特性[38-53]

对地铁火灾事故案例进行分析可以看出地铁火灾具有以下几个特点。

① 地铁站属于地下狭长空间建筑，一旦发生火灾，火灾产生的热量难以排出，热量的积聚容易导致车站温度迅速升高。高温烟气在热浮力的驱动下，通过地铁站向上的通道蔓延，这样火灾很容易蔓延至上面各层。由于地铁站特殊的建筑结构，火灾时烟气蔓延的方向和人员疏散的方向一致，而且烟气蔓延的速度又大于人员疏散的速度，非常不利于火灾时的人员疏散。

② 与地面建筑相比，地铁站空间相对封闭，因此火灾发生时往往不完全燃烧，这使得烟气中含有大量有毒有害气体，极容易导致人员中毒和窒息。另外，地铁站的高度往往比较低，火灾时烟气极容易沉降，导致车站能见度比较低，这也使得火灾时人员疏散非常困难。

③ 火灾发生后，救援人员进入地铁站的方向与人员疏散的方向相反，不利于救援人员迅速到达火灾现场。另外，火灾释放的大量浓烟，导致车站能见度比较低，救援人员无法准确地判断火源的位置和火灾的状况，难以实施有效的灭火救援。

④ 地铁火灾往往造成群死群伤的重大人员伤亡，车辆被烧毁，车站基础设施被烧毁，车站结构被破坏，从而带来巨大的财产损失和恶劣的社会影响。

1.3.2 隧道火灾的基本特性[1,2,54,55]

对隧道火灾事故案例开展调查研究发现，隧道火灾特征主要有以下几个方面。

(1) 热释放速率大

隧道火灾的火源功率取决于交通工具及其车载货物的类型和数量。当载有大量可燃物的车辆着火时火源功率往往比较大，着火车辆燃烧的同时，又可通过火蔓延造成周围其他车辆燃烧，造成多辆车卷入火灾中同时燃烧，使得火源功率进一步增大。

(2) 烟气温度高，有毒有害气体浓度大

火灾发生后受隧道受限空间的影响，火灾产生的高温烟气得不到有效的扩散和排出，使得烟气在隧道内积聚,烟气温度越来越高。另外,由于隧道空间相对封闭,可燃物燃烧不完全,烟气中往往含有大量有毒有害气体,有毒有害气体在隧道内积聚使得其浓度不断升高。

(3) 火灾可蔓延性及蔓延速度快

隧道发生火灾后,由于交通拥堵往往造成车辆间距离比较近,热量主要以热辐射和热对流的方式进行传递,使得着火车辆可引燃附近车辆及其车辆货物,造成火灾迅速蔓延。另外如果着火车辆泄露的是可燃液体或者着火车辆发生移动,也可以将火灾快速传播给其他车辆,造成多辆车同时燃烧。

(4) 火灾损失大

隧道火灾尤其是长隧道和特长隧道火灾,火灾发生时滞留在隧道内的人员和车辆往往比较多,人员受高温烟气灼伤、窒息和中毒导致伤亡人员比较多,火灾可在多辆车辆间发生蔓延,导致多辆车陷入着火状态,造成较大财产损失。另外由于隧道火灾的火源功率往往比较大,起火点附近隧道结构在高温的灼烧下可发生崩塌,破坏隧道实体结构,使得维护修复成本大大增加。

(5) 人员疏散、灭火救援难度大

隧道往往只有两端两个出入口,且疏散距离较长,火灾发生后,高浓度烟气不断沉降会大大降低隧道内的能见度,另外,火灾可破坏隧道内的照明系统,从而使得人员疏散非常困难。隧道火灾发生后,救援人员往往只能从两端隧道口进入,由于进入距离长,燃烧生成的高温浓烟以及有毒有害气体使得救援人员很难在短时间内到达火灾现场,很难在火灾初始阶段开展灭火救援工作,从而错过火灾扑救的最佳时机。另外,火灾发生后往往多辆车在隧道内滞留,造成消防救援车辆难以到达火灾现场,从而无法开展有效的灭火救援工作。

1.4 典型狭长受限空间通风与排烟模式

1.4.1 地铁通风与排烟模式[56-59]

地铁通风排烟系统由隧道通风排烟系统和车站通风排烟系统组成。隧道通风排烟系统由区间隧道通风排烟系统和车站隧道通风排烟系统组成。车站通风排烟系统由车站公共区通风排烟系统和车站设备管理用房通风排烟系统组成。

区间隧道通风排烟系统:分为活塞通风和机械通风。活塞通风是在车站两端上下行线各设置一个活塞风道及其相对应的风井,利用列车在隧道内进行高速行驶时所产生的活塞效应通风气流,实现与外界空气的交换。区间隧道机械通风是在车站两端的风井内安装可正反转的隧道风机,通过活塞风道、机械送排风机和组合风阀进行调节。

车站隧道通风系统:在隧道轨行区设有轨顶和轨底通风系统,轨顶和轨底通风系统正常情况下用于排出车站余热,火灾情况下排出隧道轨行区烟气或辅助站台层火灾时排烟。一般按照轨顶排风量和轨底排风量之比为 6:4 进行通风排烟。

车站公共区通风排烟系统:由于地铁空间拥挤,为合理利用空间一般将车站公共区防排烟系统同正常的通风空调系统合设,车站回排风管兼排烟管道。按照车站内空气能否与外界大气进行隔断又可分为开式系统、闭式系统和屏蔽门系统。开式系统一般采用横向送排风或者车站与区间隧道连为一体的纵向通风方式。闭式系统一般沿车站长度方向将风管布置于车站站台的两侧位置，风口向下进行均匀送风，在站台和轨道顶部设置排风系统。屏蔽门系统沿车站长度方向将风管布置于站台和站厅上方两侧位置，风口向下匀速送风，回排风管设置在车站中间上部或者采取车站两端集中回风的形式。

车站设备管理用房通风排烟系统：正常运行时为运营管理人员提供较好的工作环境以及设备所要求的运行环境，在火灾状况下能及时排出烟气。设备管理用房空间狭小，通常将设备管理用房的通风空调系统与防排烟系统合用。

地铁站内控制火灾烟气蔓延的手段主要为防烟和排烟。防烟是通过设置具有耐火性能的设施将烟气滞留在特定区域，主要通过划分防火分区和设置挡烟垂壁防止或者延缓烟气蔓延至相邻区域。挡烟垂壁主要设置在站厅、站台顶部和楼梯口通道下边缘处。

排烟是将烟气沿着管道或排烟竖井排放到车站外部。地铁车站根据火源发生位置，分为站厅层公共区排烟和站台层公共区排烟。

站厅层公共区排烟：开启部分组合式空调机组向站台层送风，关闭站厅层送风和站台层回排风系统，站厅层将烟气经风井排出至地面处，形成站厅层的相对负压，使得烟气不向站台层扩散。进入车站的新鲜风流将由出入口和站台补入。

站台层公共区排烟：由车站出入口补风或者站厅层送风机送风，关闭站台层送风和站厅层排风系统，烟气由站台层排风系统排出站台，由于站台层的相对风压将使楼梯口处形成向下气流，阻止站台层烟气向站厅层蔓延。

1.4.2 隧道通风与排烟模式

目前隧道火灾烟气控制模式主要有：纵向通风排烟、全横向通风排烟、半横向通风排烟、自然排烟和集中排烟[2,22]。

(1) 纵向通风排烟

纵向通风排烟是利用悬挂在隧道内的射流风机或其他射流装置、风井送排风设施在隧道内形成火灾烟气沿隧道纵向流动的排烟模式，如图1.4所示。射流风机一般安装在隧道顶部或两侧，由于易于安装维护又不用修建风道，利用射流风机开展纵向通风已成为隧道比较常见的一种通风排烟方式。

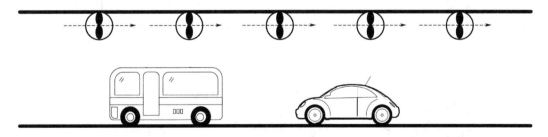

图1.4 隧道内射流风机纵向通风排烟系统示意图

(2) 全横向通风排烟

全横向通风排烟方式具有送风和排风的风机和风道，分别对隧道送风和排风，形成沿隧道横截面流动的通风气流，如图1.5所示。采用全横向排烟后可有效缩短烟气在隧道内的纵向流动，减少烟气的危害范围。由于全横向排烟需要在隧道横截面内安装送风管道和排风管道，因此大大增加了施工难度和施工成本。

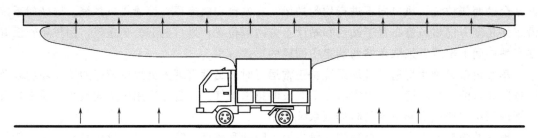

图 1.5　隧道内全横向排烟系统示意图

(3) 半横向通风排烟

由于横向通风排烟的造价较高，因此衍生出了半横向通风排烟方式，其采用一条风道和隧道相结合的通风方式，如图 1.6 所示。半横向通风排烟又分为送风型与排风型两种。送风型的新鲜空气由送风管道输入，烟气通过隧道出入口排出；排风型的新鲜空气由隧道出入口流入，烟气通过排风管道吸入排出。

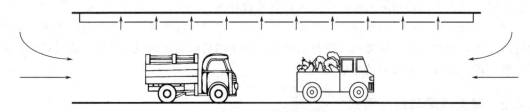

图 1.6　隧道内半横向排烟系统示意图

(4) 自然排烟

自然排烟主要依靠火灾时热烟气产生的浮力效应使烟气排出隧道外，如图 1.7 所示。自然排烟不需要在隧道内架设排烟管道和安装射流风机，因此，可以大大降低投资成本。当采用竖井自然排烟时排烟口的面积、竖井的高度以及布置方式都会对排烟效果产生影响。自然排烟也有其缺陷，比如容易受到环境风的影响，火灾时无法实现有效的排烟。

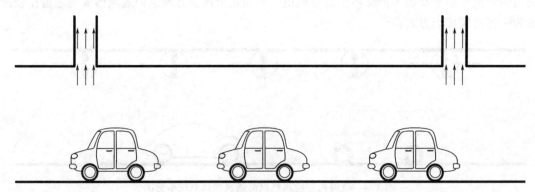

图 1.7　隧道内竖井自然排烟系统示意图

(5) 集中排烟

集中排烟方式是一种较为特殊的半横向排烟方式，是指通过准确控制排烟风管的排烟阀，利用交通隧道火灾事故点最近的排烟阀（口）组织排烟，如图 1.8 所示。集中排烟在隧道建设中得到广泛运用。早在 1985 年，奥地利与南斯拉夫之间的 Karawanken 隧道即采用

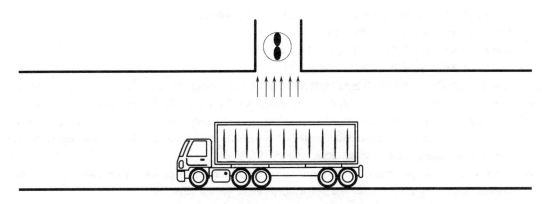

图 1.8 隧道内集中排烟系统示意图

组合通风的方式,可以实现射流风机纵向+横向(集中排烟)组合通风调节运行。国内的杭州庆春路过江隧道和钱江隧道以及上海长江隧道均采用集中排烟模式。

◆ 参考文献 ◆

[1] 纪杰,钟委,高子鹤. 狭长空间烟气流动特性及控制方法. 北京:科学出版社,2015.
[2] 阳东,蒋亚强,李乐. 隧道通风与火灾排烟理论基础及应用. 北京:中国建筑工业出版社,2018.
[3] 史聪灵,钟茂华,涂旭炜,等. 深埋地铁车站火灾实验与数值模拟. 北京:科学出版社,2009.
[4] 田鸿宾,孙兆荃. 世界城市地铁发展综述. 土木工程学报,1995,23(1):73-78.
[5] 曹炳坤. 世界地铁发展令人瞩目. 城市公共交通,2003,(5):33.
[6] 闫长安. 世界地铁发展趋势和运营安全的保障. 现代城市轨道交通,2011,(5):100-104.
[7] 曹小曙,林强. 世界城市地铁发展历程与规律. 地理学报,2008,63(12):1257-1267.
[8] 小燕. 伦敦地铁今昔. 交通与运输,1997,(4):32.
[9] 顾尚华. 世界七大城市各具特色的地铁. 交通与运输,2010,(5):20-22.
[10] 康宁. 美国的地下空间开发和利用. 浙江地质,2001,11(1):11-13.
[11] 于春华. 日本的地下铁道. 铁道标准设计,1994,(4):6-10.
[12] 木下贤. 东京地铁的安全对策. 都市快轨交通,2007,20(6):20-23.
[13] 梁宁慧,刘新荣,曹学山,等. 中国城市地铁建设的现状和发展战略. 重庆建筑大学学报,2008,30(6):81-85.
[14] 吴晓红,张琦. 上海地铁发展与世博服务. 现代城市轨道交通,2010,(3):2-5.
[15] 张国碧,李家稳,郭建波. 我国地铁的发展现状及展望. 山西建筑,2011,36(33):13-15.
[16] 朱军. 我国城市轨道交通发展问题探讨. 城市交通,2002,(2):30-32.
[17] 白延辉. 上海地铁的规划与建设. 地下空间(增刊),1998,18(5):395-340.
[18] 郭春丽,闫胜利,柏利军. 延伸的轨迹辉煌的未来——北京地铁发展36年掠影. 北京档案,2006,(9):9-11.
[19] 陆静,熊燕舞. 北京地铁驶过四十年. 运输经理世界,2009,(10):20-21.
[20] 张卓凡. 香港地铁与都市交通轨道化战略的启示. 港澳经济,1995,(1):34-37.
[21] 易晓英. 香港地铁的现有规模及最新发展. 都市快轨交通,2004,17(6):38-43.
[22] 胡隆华,彭伟,杨瑞新. 隧道火灾动力学与防治技术基础. 北京:科学出版社,2014.
[23] 施仲衡. 地下铁道设计与施工. 陕西:陕西科学技术出版社,1997.
[24] 董国贤. 水下公路隧道. 北京:人民交通出版社,1984.
[25] 孔祥金,韩常领. 水下公路隧道的评述. 交通世界,2004:34-37.
[26] 林志,吴胜忠. 我国水下公路隧道建设科技发展成果综述. 公路交通技术,2009:128-132.
[27] 艾齐. 水下公路隧道概述及相关技术问题. 交通建设与管理,2007:46-49.

[28] 孟正夫,任运贵.伦敦地铁君王十字车站重大火灾情况及其主要教训.消防科技,1992,(3):34-37.
[29] 鲁文斋.伦敦地铁大火灾.山东消防,1999,(4):16-17.
[30] 魏平安.巴库地铁火灾的教训.消防技术与产品信息,1996,(8):33-33.
[31] 何建红.阿塞拜疆地铁火灾.上海消防,1999,(11):40-41.
[32] 金康锡.谁来保障地铁安全——韩国大邱地铁火灾的教训和启示.中国减灾,2005,(9):42-43.
[33] 孙爽.从韩国大邱市地铁火灾谈地铁的防火安全.消防技术与产品信息,2004,(S1):109-110.
[34] Park H. J. An investigation into mysterious questions arising from the Daegu underground railway arson case through fire simulation and small-scale fire test. Proceedings of the 6th asia-oceania symposium on fire science and technology, Daegu. Korea. 2004, 16-27.
[35] Hong W. H. The progress and controlling situation of Daegu subway fire disaster. Proceedings of the 6th asia-oceania symposium on fire science and technology, Daegu. Korea. 2004, 28-46.
[36] 钟喆.阿尔卑斯山的地下惨剧——法国与意大利的勃朗峰公路隧道发生特大火灾.上海消防,1999(5):34-35.
[37] 一九九九年国外十大火灾,安徽消防,2000,3:19.
[38] 刘铁民,钟茂华,王金安,等.地下工程安全评价.北京:科学出版社,2005.
[39] 杜宝玲.国外地铁火灾事故案例统计分析.消防科学与技术,2007,26(2):214-217.
[40] 王睿,康辰,张臻.地铁火灾起因及预防研究.山西建筑,2010,36(24):203-204.
[41] 蒋雅君,杨其新.地铁火灾特点分析及应对措施探讨.城市轨道交通研究,2007,(1):4-6.
[42] 杨立中,邹兰.地铁火灾研究综述.工程建设与设计,2005,(11):8-12.
[43] 杨立中,邹兰.地铁火灾研究综述(续).工程建设与设计,2005,(12):32-35.
[44] 邓艳丽,谭志光.地铁火灾研究综述.安防科技,2008,(12):6-8.
[45] 钟委,霍然,王浩波.地铁火灾场景设计的初步研究.安全与环境学报,2006,6(3):32-34.
[46] 杨昀,曹丽英.地铁火灾场景设计探讨.自然灾害学报,2006,15(4):121-125.
[47] 刘浩江.地铁火灾的成因、预防和处理.现代城市轨道交通,2006,(5):48-50.
[48] 许志豪.地铁火灾的防火分析.消防技术与产品信息,2007,(3):26-33.
[49] 崔泽艳.地铁火灾的特点及防护.中国减灾,2007,(6):20-21.
[50] 苗慧燕.地铁火灾的特点及扑救对策.安全,2008,(9):49-50.
[51] 张天巍.地铁火灾的特点及原因分析.中国科技信息,2007,(17):96-98.
[52] 蒋雅君,杨其新.地铁火灾的预防对策.城市轨道交通研究,2006,(9):18-21.
[53] 赵显,赵云胜.浅议地铁火灾事故的特点与预防对策.河北工程技术高等专科学校学报,2005,(1):16-19.
[54] 胡隆华.隧道火灾烟气蔓延的热物理特性研究.合肥:中国科学技术大学,2006.
[55] 徐志胜,姜学鹏.防排烟工程.北京:机械工业出版社,2011.
[56] 苏俊凯.西安某岛式地铁车站站台火灾烟气流动模拟与排烟模式研究.西安科技大学,2019.
[57] 沙国荣,邓嘉,陈正泉,等.地铁车站环控通风与空调系统分析.南京工业职业技术学院学报,2018,18(4):13-15.
[58] 石锐,地铁通风空调系统研究.居舍,2018:174.
[59] 蔡芸,李丽丹.火灾情况下地铁通风系统运行模式分析.武警学院学报,2007,23(2):28-31.

第 2 章

地铁及隧道火灾的研究方法

2.1 模型实验

实验研究是火灾科学研究中非常重要的方法之一，根据实验尺度可以分为全尺寸实验研究和小尺寸实验（缩尺寸实验）研究。全尺寸实验由于模型和原型尺度相同，因此最能反映真实物理过程，但全尺寸实验成本往往比较高，边界条件也难以控制，实验台的建设周期往往较长，并且实验的可重复性较差。考虑到经济性和科学性的统一，缩尺寸模拟实验广泛应用于火灾科学研究中。所谓缩尺寸模拟实验[1]是根据物理现象之间的相似性，通过建立火灾现象的相似准则，设计出缩尺寸建筑模型。通过在缩尺寸的模型中开展实验，研究各种火灾现象，而且可以开展重复性验证，由于是在实验条件下开展研究，还可以使用精密的测量设备和先进的测量方法。与全尺寸实验相比，缩尺寸实验的成本要低很多，实验的可重复性也要强很多，边界条件也较容易控制。因此，缩尺寸模型实验已成为目前火灾科学研究中最有力的工具。但缩尺寸实验也有缺点，研究结果能否应用到实际中，有待进一步检验。

2.1.1 相似准则[2-4]

相似准则是进行缩尺寸火灾模拟实验的理论基础。现阶段对于地铁隧道类狭长受限空间的缩尺寸火灾模拟主要采用弗劳德模拟方法。由于火灾烟气羽流在狭长空间流动过程中主要受惯性力和浮力作用，因此，在用弗劳德模拟方法进行模拟时，必须保证模型和原型的弗劳德数相等。

对于地铁隧道火灾烟气流动过程，在介绍弗劳德相似准则的推导之前，需要先做如下假设：

（1）火源近似为一热源；
（2）烟气为不可压缩流体，与空气热物理性质相同；
（3）不考虑燃烧过程和化学反应引起的烟气成分变化；
（4）不考虑辐射传热；
（5）浮力影响采用 Boussinesq 近似，即 $\rho_0 - \rho = \beta(T - T_0)$。

根据以上假设，控制烟气流动的基本方程如下。

连续方程：

$$\frac{\partial \rho}{\partial t} + \frac{\partial (\rho u_j)}{\partial x_j} = 0 \tag{2.1}$$

动量方程：

$$\frac{\partial(\rho u_i)}{\partial t}+\frac{\partial(\rho u_j u_i)}{\partial x_j}=\frac{\partial P}{\partial x_i}+(\rho-\rho_0)g_i+\frac{\partial}{\partial x_j}\mu\left(\frac{\partial u_i}{\partial x_j}+\frac{\partial u_j}{\partial x_i}\right)+\frac{1}{3}\times\frac{\partial}{\partial x_i}\mu\left(\frac{\partial u_j}{\partial x_j}\right) \quad (2.2)$$

能量方程：

$$\frac{\partial(\rho c_p T)}{\partial t}+\frac{\partial(\rho u_i c_p T)}{\partial x_i}=\frac{\partial}{\partial x_i}\left(\lambda\frac{\partial T}{\partial x_i}\right)+q \quad (2.3)$$

浓度方程：

$$\frac{\partial(\rho C_s)}{\partial t}+\frac{\partial(\rho u_i C_s)}{\partial x_i}=\frac{\partial}{\partial x_i}\left(\rho D_s\frac{\partial C_s}{\partial x_i}\right)+\dot{m}_s \quad (2.4)$$

状态方程：

$$P=\rho RT \quad (2.5)$$

边界内部传热方程：

$$\left(\frac{\rho c}{\lambda_s}\right)\frac{\partial T_s}{\partial t}=\frac{\partial T_s}{\partial x_s^2} \quad (2.6)$$

以及内壁边界条件：

$$-\lambda_s\frac{\partial T_s}{\partial x_s}=\frac{\lambda C_1}{L}Re^{0.8}(T-T_s) \quad (2.7)$$

其中 $C_1=0.036Pr^{1/3}$

引入无量纲量：

$$\hat{x}_i=\frac{x_i}{L},\ \hat{X}_s=\frac{x_s}{L},\ \hat{\rho}=\frac{\rho}{\rho_0},\ \hat{u}_i=\frac{u_i}{V},\ \hat{T}_s=\frac{T_s}{T_0},\ \hat{T}=\frac{T}{T_0},\ \hat{t}=\frac{t}{\tau},$$

$$\hat{P}=\frac{P}{P_0},\ \hat{Q}=\frac{Q}{Q_0},\ \hat{m}=\frac{m}{m_0},\ \hat{C}_s=\frac{C_s}{C_0}$$

得到无量纲化的控制方程如下。

连续方程：

$$\frac{L}{V\tau}\frac{\partial\hat{\rho}}{\partial\hat{t}}+\frac{\partial(\hat{\rho}\hat{u}_i)}{\partial\hat{x}_i}=0 \quad (2.8)$$

动量方程：

$$\frac{L}{V\tau}\frac{\partial(\hat{\rho}\hat{u}_i)}{\partial\hat{t}}+\frac{\partial(\hat{\rho}\hat{u}_j\hat{u}_i)}{\partial\hat{x}_j}=-\frac{p^*}{\rho_0 V^2}\frac{\partial\hat{\rho}}{\partial\hat{x}_i}+\frac{gL}{V^2}(\hat{\rho}-1) \quad (2.9)$$

能量方程：

$$\frac{L}{V\tau}\frac{\partial(\hat{\rho}\hat{T})}{\partial\hat{t}}+\frac{\partial(\hat{\rho}\hat{T})}{\partial\hat{x}_i}=\frac{\lambda}{\rho_0 V c_p L}\frac{\partial}{\partial\hat{x}_i}\left(\frac{\partial\hat{T}}{\partial\hat{x}_i}\right)+\frac{Q_0}{\rho_0 c_p V T_0 L^2}\hat{Q} \quad (2.10)$$

浓度方程：

$$\frac{L}{V\tau}\frac{\partial(\hat{\rho}\hat{C}_s)}{\partial\hat{t}}+\frac{\partial(\hat{\rho}\hat{C}_s)}{\partial\hat{x}_i}=\frac{D_s}{VL}\frac{\partial}{\partial\hat{x}_i}\left[\frac{\partial(\hat{\rho}\hat{C}_s)}{\partial\hat{x}_i}\right]+\frac{m_0}{\rho_0 V C_0 L^2}\hat{m} \quad (2.11)$$

状态方程：

$$\hat{p}=\frac{1-\dfrac{c_v}{c_p}}{\dfrac{p^*}{\rho_0 T_0 c_p}}\hat{\rho}\hat{T} \quad (2.12)$$

壁面导热方程：

$$\frac{\delta}{\tau}\left(\frac{\rho c}{x}\right)_s \frac{\partial \hat{T}_s}{\partial \hat{t}_s} = \frac{\partial^2 \hat{T}_s}{\partial \hat{X}_s^2} \tag{2.13}$$

边界条件方程：

$$\frac{\partial \hat{T}_s}{\partial \hat{X}_s} = c_1 Re^{0.8} \frac{\lambda \delta}{L \lambda_s}(\hat{T} - \hat{T}_s) \tag{2.14}$$

将无量纲方程组归一化，得到若干无量纲数，与 Re 和 Fr 有关的无量纲数为：

$$\pi_1 = \frac{gL}{V^2} = \frac{1}{Fr}, \quad \pi_2 = \frac{\mu}{\rho_0 VL} = \frac{1}{Re}$$

在常压环境下进行的火灾模拟实验，烟气主要受浮力驱动。因此，首先要保证模型实验中无量纲数 π_1 不变，即：

$$Fr = \frac{1}{\pi_1} = \frac{V^2}{gL} \sim 1$$

从而得到：

$$V \sim L^{1/2}$$

于是得出弗劳德模拟中，模型实验与原型实验中对应参数存在如下关系：

温度： $T_M = T_F$

几何尺寸： $x_M = x_F \left(\dfrac{l_M}{l_F}\right)$

压力： $\Delta p_M = \Delta p_F \left(\dfrac{l_M}{l_F}\right)$

速度： $v_M = v_F \left(\dfrac{l_M}{l_F}\right)^{1/2}$

体积流率： $V_M = V_F \left(\dfrac{l_M}{l_F}\right)^{5/2}$

时间： $t_M = t_F \left(\dfrac{l_M}{l_F}\right)^{1/2}$

火源功率： $\dot{Q}_M = \dot{Q}_F \left(\dfrac{l_M}{l_F}\right)^{5/2}$

式中，M 代表模型实验；F 代表原型实验。

2.1.2 典型地铁隧道试验模型简介

(1) 小尺寸地铁车站火灾试验模型

模型实验台与实际地铁车站按照 1∶10 的比例搭建[5-6]。地铁车站烟气控制实验台主体由站台层、站厅层和隧道轨行区组成，见图 2.1。隧道轨行区由 4 段 2m×0.5m×0.6m 的厢体组合而成，站台层由 4 段 2m×1.2m×0.44m 的厢体组合而成，站厅层由 2m×1.2m×0.44m 的厢体构成。站台层、站厅层和隧道轨行区顶面和底面均采用钢板覆盖，内衬采用 8mm 厚的防火板。站台层、隧道轨行区靠外的侧面均安装有钢化玻璃制成的上下翻开门，可上下翻动实现站台和隧道侧面的打开和封闭。站台层的两个端门是由钢化玻璃制成的双开

(a) 整体实物图

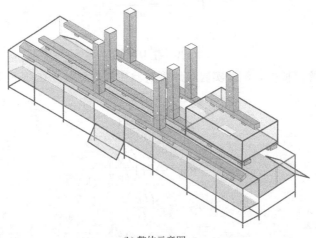

(b) 整体示意图

图 2.1 小尺寸地铁车站火灾实验台

门，可实现端门的开关。站厅层的两侧面装有钢化玻璃制成的上下翻开门，端门为钢化玻璃制成的双开门，可实现安装和取下功能。由于站台、站厅和隧道侧面以及端部均安装有钢化玻璃，因此实验过程中可以方便地观察烟气流动情况。

在站台层和隧道轨行区连接处设有安装钢化玻璃的屏蔽门，屏蔽门可实现开关功能，屏蔽门的开关可实现站台层和隧道轨行区的连通和隔离，在屏蔽门上方设有钢化玻璃制成的活动挡板，可自由取下和安装，可模拟地铁车站设有的全封闭式屏蔽门和全高安全门，见图 2.2。

在站台层顶部开有 0.6m×0.4m 的水平开口，在开口处安装有楼梯，可实现站台层和站厅层的连通，楼梯仿照实际地铁楼梯形状由角钢焊接而成，与站台层地面的倾角为 32°，见图 2.3。

列车模型位于隧道轨行区，对实际地铁列车做了简化，省略了车底结构，采用架高的方式，车厢简化为矩形截面，采用钢板制作，车体长 8m、宽 0.35m、高 0.3m，列车与屏蔽门靠近侧开有列车车门，与屏蔽门尺寸相同，一一对应，见图 2.4。

第2章 地铁及隧道火灾的研究方法

(a) 屏蔽门系统实物图

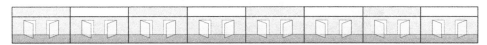

(b) 屏蔽门系统示意图

图 2.2　小尺寸地铁车站火灾实验台的屏蔽门系统

图 2.3　楼梯口局部图

实验台烟气控制系统由隧道轨顶排烟系统、站台排烟系统和站厅送风系统组成，见图 2.5。隧道轨顶排烟系统依照实际地铁隧道排烟口的设置，在隧道顶部开有一系列排烟口；站台排烟系统按照实际地铁站台"两送两回"的环控系统设置，在站台顶棚靠近两侧屏蔽门处开有两列排烟口，各排烟口大小一样；站厅送风系统由位于站厅顶棚下方的一系列送风口组成。各烟气控制系统的排烟口和送风口通过横向排烟管、竖向排烟管与风机相接，其中在竖向排烟管安装有手动开关阀，通过开关阀的旋转可实现排烟管道的开启和关闭。各风机连接相应的变频器，通过调节变频器可对排烟量和送风量进行控制，见图 2.6。由于隧道轨行区和站台区长度较长，为使各排烟口风速尽量均匀，设有两根竖向排烟管与横向排烟管道相连。

(a) 小尺寸地铁列车模型实物图

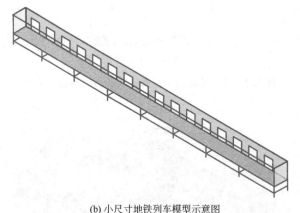

(b) 小尺寸地铁列车模型示意图

图 2.4　小尺寸地铁列车模型实物图和示意图

(2) 大尺寸隧道火灾模拟试验模型

中国科学技术大学火灾科学国家重点实验室建有大尺寸（1∶5）隧道火灾试验平台[7]，见图 2.7。该试验平台尺寸为长 72m、宽 1.5m、高 1.3m。试验段长 66m，由 11 个长 6m 的单元连接而成，试验台的底面为钢板，其余三面为玻璃，用于观察实验过程中的现象，试验台设计了纵向、横向排烟系统，其中一侧安装有端部纵向排烟系统，另一侧安装了集烟罩用于收集实验中燃烧所产生的烟气或将烟气排到室外。每个风机的风量均由数字变频器控制，可以根据试验工况连续调节风机频率。纵向排烟系统设有匀速整流段。实验台的底部设置可开关的门，便于人员进入试验台内部。

(3) 小尺度隧道火灾模拟试验模型

小尺度（1∶20）隧道火灾模拟试验平台，尺寸为 8m×0.34m×0.44m（长×宽×高），其中隧道断面依据实际隧道比例设计，实验装置如图 2.8 所示。隧道底部、顶部和一侧由钢板密封，钢板上覆盖 8mm 厚的玻镁板防火材料，以保证隧道结构和设施免受火灾实验中的高温破坏。隧道另一侧由透明钢化防火玻璃制成，可打开并进行上下翻动。透过玻璃可以实时安全地观察火灾实验中模型隧道内火源及烟气流动的情况。在模型隧道的端部安装有纵向通风风机（变频风机）和稳流装置，如图 2.9(a) 所示，通过调节频率可以提供均匀稳定的

第2章 地铁及隧道火灾的研究方法

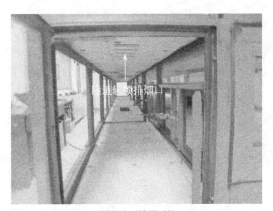

(a) 隧道轨顶排烟系统

(b) 站台排烟系统

(c) 站厅送风系统

(d) 各烟气控制系统风口布置图

图 2.5 小尺寸地铁车站火灾实验台烟气控制系统风口布置实物图和示意图

(a) 风机

(b) 风机变频器

图 2.6 小尺寸地铁车站火灾实验台的风机和变频器

(a) 试验台总体图

(b) 纵向排烟系统

(c) 横向集中排烟系统

图 2.7 大尺寸隧道火灾模拟试验台

纵向通风，如图 2.9(b) 所示。

隧道顶部共有 8 个边长为 0.1m 的正方形排烟口，其间距为 1m，如图 2.10(a) 所示。采用数字变频器来控制集中排烟的风机，通过改变风机的频率来调节实验风速，如图 2.10(b) 所示。隧道模型安装了一套顶部排烟系统。通过排烟管道上的自动控制阀可以控制单个或多个排烟口的开关。

图 2.8 小尺寸隧道火灾实验台

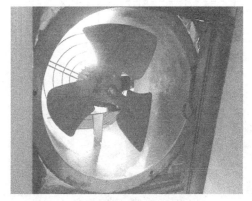

(a) 纵向通风风机

(b) 纵向风控制系统

图 2.9 小尺寸隧道火灾实验台纵向通风及控制系统

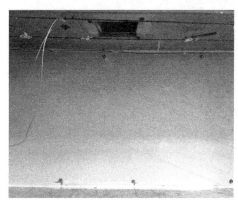

(a) 集中排烟口

(b) 数字变频器

图 2.10 小尺寸隧道火灾实验台集中排烟口及控制系统

(4) 全尺寸列车火灾试验模型

全尺寸列车火灾模拟实验台[8]主要由三部分组成，即模拟隧道区、模拟列车和模拟站台区,见图2.11。模拟列车置于隧道纵向中间位置,偏向隧道一侧放置,用于模拟着火列车停靠车站时的火灾场景。模拟隧道长30m、宽7.6m、高7.8m,隧道采用钢框架结构,模拟隧道内壁采用防火板。模拟地铁列车尺寸与实际列车的尺寸相同,在实际列车模型的基础上做了简化,主要是省略车底的驱动装置,采用架高车厢的方式,车厢模型的内部高度为2.26m,上部宽度为2.80m,下部宽度为2.96m,在距车厢地板0.6m高的部分,车厢增宽至3.26m,图2.12为列车模型示意图和横截面形状示意图。模拟隧道两端纵向中心线上分别布置一台风机,如图2.11所示。

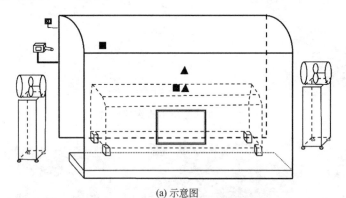

(a) 示意图

(b) 实体图

图 2.11 全尺寸列车火灾模拟实验台

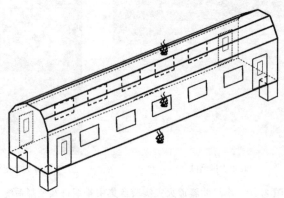

(a) 全尺寸地铁列车整体示意图

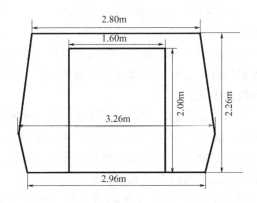

(b) 全尺寸地铁列车横截面内部尺寸

图 2.12　全尺寸地铁列车车厢模型示意图

2.2　计算机模拟

2.2.1　计算流体力学基础

计算流体力学（computational fluid dynamics，CFD）是随着高速计算机的出现而产生的一门介于数学、流体力学和计算机之间的交叉学科，主要研究内容是通过计算机和数值方法来求解流体力学的控制方程，对流体力学问题进行模拟和分析。

计算流体力学模拟的基本思想是根据流体力学中最基本的质量守恒、能量守恒和动量守恒，建立相应的基本方程，包括连续方程、动量方程、能量方程和组分方程[9-10]。

(1) 离散方法

求解流体力学方程组，需要对流体力学方程组进行离散化。离散化是把微分方程近似成一个代数方程组，使其能在计算机上进行求解，通过求解代数方程组获得流场中离散网格节点上的变量值。

区域离散化是用一组有限个离散的点代替原来连续的空间。实施过程是把所计算的区域划分成许多互不重叠的子区域，确定每个区域的节点位置和该节点所代表的控制体积。常见的离散化方法有有限差分法、有限元法和有限体积法[11]。

① 有限差分法　有限差分法是数值解法中最经典的方法。它是将求解区域划分为差分网格，用有限个网格节点代替连续的求解域，然后将偏微分方程（控制方程）的导数用差商代替，推导出含有离散点上有限个未知数的差分方程组。求出差分方程组的解，就是微分方程定解问题的数值近似解。有限差分法以泰勒级数展开等方法，把控制方程中的导数用网格节点上的函数值的差商代替进行离散，从而建立以网格节点上的值为未知数的代数方程组。该方法是一种直接将微分问题变为代数问题的近似数值解法，数学概念直观，表达简单，是发展较早且比较成熟的数值方法。

构造差分的方法有多种，目前主要采用的是泰勒级数展开方法。其基本的差分表达式主要有三种格式：一阶向前差分、一阶向后差分、一阶中心差分和二阶中心差分等。其中前两种格式为一阶计算精度，后两种格式为二阶计算精度。通过对时间和空间这几种不同差分格式的组合，可以组合不同的差分计算格式。

② 有限元法　有限元法的基础是变分原理和加权余量法，其基本求解思想是把计算域划分为有限个互不重叠的单元，在每个单元内，选择一些合适的节点作为求解函数的插值点，将微分方程中的变量改写成由各变量或其导数的节点值与所选用的差值函数组成的线性表达式，借助于变分原理或加权余量法，将微分方程离散求解。采用不同的权函数和插值函数形式，便构成不同的有限元方法。

根据所采用的权函数和插值函数的不同，有限元法也分为多种计算格式。从权函数的选择来说，有配置法、矩量法、最小二乘法和伽辽金法；从计算单元网格的形状来划分，有三角形网格、四边形网格和多边形网格；从插值函数的精度来划分，又分为线性插值函数和高次插值函数等。不同的组合构成不同的有限元计算格式。

③ 有限体积法　其基本思路是：将计算区域划分为一系列不重复的控制体积，并使每个网格点周围有一个控制体积；将待解的微分方程对每一个控制体积积分，便得出一组离散方程。其中的未知数是网格点上的因变量的数值。为了求出控制体积的积分，必须假定其数值在网格点之间的变化规律。

有限体积法的基本思路易于理解，并能得出直接的物理解释。离散方程的物理意义，就是因变量在有限大小的控制体积中的守恒原理，如同微分方程表示因变量在无限小的控制体积中的守恒原理一样。

(2) 湍流模型

湍流是流体的一种流动状态，当流体流速增加到很大时，流场中会产生许多小漩涡，层流被破坏，相邻流层间不但有滑动，还有混合，形成湍流。计算流体力学中所涉及的火灾燃烧和烟气流动问题通常都是湍流流动。在湍流中流体的各种物理参数，如速度、温度、压力等都随时间和空间发生随机的变化，但这些量的统计平均值却是有规律的。

目前，湍流的数值模拟方法有[12]：直接数值模拟（direct numerical simulation，DNS），雷诺平均数值模拟（Reynolds averaged navier-stokes，RANS）和大涡数值模拟（large eddy simulation，LES）。

① 直接数值模拟　直接数值模拟（direct numerical simulation，DNS）不需要对湍流建立模型，对于流动的控制方程直接采用数值计算求解。直接数值模拟可以非常仔细地研究流场的性质，能够获得流场实时的流动演化过程。由于湍流是多尺度的不规则流动，要获得所有尺度的流动信息，对于空间和时间分辨率要求很高，因而计算量大、耗时多、对计算机内存依赖性强，目前只限于在有超级计算机的大的研究中心进行。由于直接数值模拟方法计算量过大，对计算机的要求较高，目前直接数值模拟只能计算雷诺数较低的简单湍流运动，例如槽道或圆管湍流，现如今它还难以预测复杂湍流运动。

② 雷诺平均数值模拟　在实际工程应用中，人们最为关心的是流动要素的时均值，而非湍流的脉动量。雷诺平均数值模拟（Reynolds averaged navier-stokes，RANS）将湍流平均的概念引入，而后从基本方程出发，通过平均，建立描述湍流均流的控制微分方程组。在雷诺平均数值模拟中，由于雷诺时均的假设，大大减少了数值模拟的计算量，降低了对计算机硬件的要求。因此，雷诺平均数值模拟成为解决工程问题比较有效、切实可行的手段。但雷诺平均数值模拟也有自身的缺陷：雷诺平均数值模拟通过平均运算将流体运动的全部行为一律抹平，丢失了包含在瞬时运动中的大量有重要意义的信息，而这些信息对流场性质起着重要作用，对它们必须进行精细的描述和深入的研究。

③ 大涡数值模拟　大涡数值模拟（large eddy simulation，LES）是一种介于直接数值

模拟和雷诺平均数值模拟的湍流模拟方法。大涡数值模拟的基本思想是：在流场的大尺度和小尺度结构之间选择一个滤波宽度对控制方程进行滤波，从而把所有变量分成大尺度量和小尺度量。对于大尺度量通过直接求解瞬态控制方程计算，小尺度量采用亚格子模型进行模拟。

以上三种数值模拟方法各有利弊，直接数值模拟是最理想的方法，能获得最多的信息量，但对计算机的要求特别高。雷诺平均数值模拟对计算机的要求大大降低，因此比较适合工程应用。大涡数值模拟方法介于这两者之间。实际进行流体湍流数值计算时，具体选择哪种湍流模型，要根据所研究的具体问题决定。

(3) 初始条件和边界条件

数值计算中，除了要满足基本控制方程以外，还要指定边界条件，对于非定常问题还要指定初始条件，目的是使方程有唯一确定的解[13]。

① 初始条件　初始条件是指待求的非稳态问题在初始时刻待求变量的分布，它可以是常数，也可以是空间坐标的函数。在非稳态过程一开始，初始条件的影响很大，但随时间的推延，它的影响逐渐减弱，并最终达到一个新的稳定状态。在最终的稳定状态解中再也找不到初始条件影响的痕迹，而主要由边界条件决定。因此，对于稳态问题的求解是不需要初始条件的。但在火灾过程的数值模拟中，我们通常关心的是火灾发生与发展的这个过程，而不是关心火灾的流动和传热最终发展到的一个稳定阶段，因此初始条件必须准确全面地给出。从另外一个意义上说，初始条件也可以说一种边界条件，只不过它是在对时间进行离散化的时候，给的关于时间的一个边界条件。

② 边界条件　边界条件就是在流体流动边界上的控制方程应满足的条件，一般会对数值计算产生重要影响。即使对同一流场求解，方法不同时，边界条件和初始条件的处理方法也是不同的。

在数值模拟计算中，基本的边界条件包括以下几种。

a. 流动的进（出）口边界条件：在计算控制体与环境之间存在流动的区域，可能存在多种形式的边界条件，常见的有以下几种。

速度入口边界条件：用于定义流动速度和流动入口的流动属性相关的标量。这一边界条件适用于不可压缩流，如果用于可压缩流会导致非物理结果，这是因为它允许驻点条件浮动。应注意不要让速度入口靠近固体妨碍物，因为这会导致流动入口驻点属性具有太高的非一致性。

压力入口边界条件：用于定义流动入口的压力和其他标量属性，既适用于可压缩流，又适用于不可压缩流。压力入口边界条件可用于压力已知但是流动速度或流率未知的情况。这一情况可应用于很多实际问题，如浮力驱动的流动。压力入口边界也可用来定义外部或无约束流的自由边界。

质量流量入口边界条件：用于已知入口边界的可压缩条件。在不可压缩流动中不必指定入口的质量流量，因为密度为常数时，速度入口边界条件就确定了质量流量条件。当要求达到的是质量和能量流速而不是流入的总压时，通常使用质量入口边界条件。

压力出口边界条件：压力出口边界条件需要在出口边界指定表压。表压值的指定只用于亚声速流动。如果流动变为超声速，就不再使用指定表压，此时压力要从内部流动中求出，包括其他流动属性。在求解过程中，如果压力出口边界处的流动是反向的，回流条件也需指定。如果对于回流问题指定了比较符合实际的值，收敛性困难问题就会不明显。

质量出口边界条件：当流动出口的速度和压力在解决流动问题之前未知时，可以使用质量出口边界条件模拟流动。需要注意，如果模拟可压缩流或包含压力出口时，不能使用质量出口边界条件。

b. 壁面边界条件：壁面的边界条件包括壁面流动边界条件和壁面热边界条件。对于黏性流动问题，考虑流动与壁面之间的流动边界层，壁面一般认为是无滑移条件，但在一些情况下（如边界平移或旋转运动时），也可以通过指定壁面切向速度或给出壁面切应力来模拟壁面滑移；壁面热边界条件包括固定温度、固定热通量、对流换热系数、外部辐射换热与对流换热等。

实际火灾中，火源燃烧所释放出的大量热量和有害烟尘是对火场中人员和建筑最为危险的因素，因此，火源的热释放过程和有害组分的迁移输运规律是火灾研究的重点对象。火源的燃烧是一个非常复杂的过程，它涉及化学反应动力学、流体动力学和传热传质等方面的内容，为了对火源燃烧过程进行简化，一些研究者根据一些实验结果和以往经验并结合可燃物形式推算出火焰的形状、温度、发热量以及产物中各组分的生成量，以热源模拟火源。大量的计算结果表明此种方法对模拟火灾初期烟气运动是可行的[14-18]，因此，火源也可认为是火灾烟气流动计算流体动力学模拟的一个特殊边界条件。

边界条件给出的形式一般有三种，第一类是直接给出边界上的变量值，如流动进（出）口边界条件中直接给出速度和温度边界条件以及壁面热边界条件中直接给出壁面温度条件等；第二类是给出边界上变量的法向导数值，如壁面热边界条件中给出的仅考虑壁面热传导的固定热通量条件；第三类是给出边界上变量与其法向导数的关系式，如有对流和辐射换热的壁面边界等。

2.2.2 FDS 软件简介

FDS（fire dynamics simulator）是由美国国家标准与技术研究院（NIST）开发的一种计算流体力学模拟软件[17,18]。FDS程序是专门解决火灾动力学发展的大涡模拟通用程序，以独特的快速算法和适当的网格密度，可以较为快速准确地分析三维火灾问题。FDS程序可以借助其他三维造型软件和网格生成工具，处理较为复杂的几何场景。它除了可以解决火灾发生及烟气的发展和蔓延过程，还包含分析火灾探测器和水喷淋灭火系统的功能模块，可以研究相应的消防设施对火灾发展的影响。同时，FDS具有开放的程序体系结构、良好的后处理能力，计算结果得到了较多实验的验证，并且在火灾安全工程领域得到广泛的应用。

FDS[17-19]对于低速、热驱动流的定量计算使用Navier-Stokes（黏性流体方程），其侧重于火灾产生的烟气和引起的热传导。核心运算是一个明确的预测校正方案，在时间和空间二阶上精确。

FDS中包括有限反应速率和混合分数两种燃烧模型。有限反应速率模型适用于直接数值模拟，混合分数模型适用于大涡数值模拟。FDS中默认的是混合分数燃烧模型。混合物百分数是一个守恒量，其定义为起源于燃料的流动区给定点的气体百分数。模型假定燃烧是一种混合控制（mixing-controlled），且燃料与氧气的反应进行非常快。所有反应物和产物的质量分数可通过使用"状态关系"——燃烧简化分析和测量得出的经验表达式由混合物百分数推导出。

辐射传热通过模型中的非扩散灰色气体的辐射传输方程解决，在一些有限的情况下使用宽带模型。方程求解采用类似于对流传热的有限体积法，因而命名为"有限体积法"

(FVM)。

FDS 采用矩形网格来近似表示所研究的建筑空间,用户搭建的所有建筑组成部分都应与已有的网格相匹配,不足一个网格的部分会被当作一个整网格或者忽略掉。FDS 对空间的所有固体表面均赋予热边界条件及材料燃烧特性信息,固体表面上的传热和传质通常采用经验公式进行处理。

现阶段火灾过程中用到的数值模拟方法有区域模拟、网络模拟和场模拟[20]。区域模拟将整个室内空间分为两层,上层为热烟气层,下层为冷空气层,这种方法划分比较简单,所需的计算量小,但对于狭长空间结构,火灾烟气沿狭长空间温差比较大,因此应用此种模拟方法将产生较大的误差。网络模拟把整个建筑物划为一个整体,而把其中的每个房间视为一个控制体,这种划分方法由于计算精度不高而具有一定的局限性。场模拟对计算空间进一步细化,将计算空间视为由几万到几百万个控制体组成,通过求解离散化守恒方程,得到各个状态参数的空间和时间分布。因此,采用场模拟的方法对地铁隧道类狭长空间火灾时烟气流动进行研究。

FDS 控制方程如下所述。

连续方程:

$$\frac{\partial \rho}{\partial t} + \nabla \cdot \rho u = 0 \tag{2.15}$$

动量方程:

$$\frac{\partial}{\partial t}(\rho \vec{u}) + \nabla \cdot \rho uu + \nabla p = \rho g + f + \nabla \cdot \tau_{ij} \tag{2.16}$$

能量方程:

$$\frac{\partial}{\partial t}(\rho h) + \nabla \cdot \rho h u = \frac{Dp}{Dt} + \dot{q}''' - \nabla \cdot \dot{q}'' + \Phi \tag{2.17}$$

组分方程:

$$\frac{\partial}{\partial t}(\rho Y_i) + \nabla \cdot \rho Y_i u = \nabla \cdot \rho D_i \nabla Y_i + \dot{m}_i''' \tag{2.18}$$

FDS 包括直接数值模拟和大涡数值模拟两种湍流模型。直接数值模拟可以直接求解 N-S 方程,不需要任何湍流模型,但会受到计算量过大等因素的限制,主要适用于小尺寸的火焰结构分析,而对于模拟空间较大场合下的火灾烟气流动过程,则应选择大涡数值模拟。FDS 采用大涡模拟,大涡模拟的基本思想是:对于大尺度的湍流运动可以直接求解,而对于小尺度的湍流运动,则采用 Smagorinsky 亚网格模型,根据 Smagorinsky 模型,流体动力黏性系数表示为:

$$\mu_{LES} = \rho (C_s \Delta)^2 \left[\frac{1}{2} (\nabla u + \nabla u^T) \cdot (\nabla u + \nabla u^T) - \frac{2}{3} (\nabla \cdot u)^2 \right]^{\frac{1}{2}} \tag{2.19}$$

流体的热导率和物质扩散系数分别表示为:

$$k_{LES} = \frac{\mu_{LES} c_p}{Pr} \tag{2.20}$$

$$(\rho D)_{i,LES} = \frac{\mu_{LES}}{Sc} \tag{2.21}$$

Smagorinsky 亚网格模型中,C_s 为 Smagorinsky 常数。大涡模拟中亚网格模型主要取决于三个参数[21]：Cs、Sc、Pr，FDS中将常数 Cs、Sc、Pr 的值取为 0.2、0.5、0.2。大涡数值模拟能够较好地处理湍流和浮力的相互作用，可以得到较为理想的结果。

FDS主要通过CFL（courant-friedrichs-lewy）判据控制时间步长和收敛判据。CFL判据中，计算时间步长是可变化的，以控制数值模拟计算的CFL值小于某临界值，如下式：

$$\delta t_{\max}\left[\frac{(|u_{ijk}|)}{\delta x},\frac{(|v_{ijk}|)}{\delta y},\frac{(|w_{ijk}|)}{\delta z}\right]<1 \tag{2.22}$$

FDS自发布以来，研究者们已开展了大量的试验研究工作，对FDS的可靠性进行验证。Choi[22]等应用FDS开展了数值模拟研究，结果表明数值模拟结果与实验结果吻合得很好。胡隆华[15]等开展了一系列的全尺寸实验和FDS模拟，研究隧道火灾烟气中CO浓度的纵向分布以及CO分布与温度场分布之间的区别，发现全尺寸实验数据和FDS模拟结果均与理论分析和公式吻合得很好。胡隆华[23]等的另一研究中，对FDS数值模拟结果与实验数据进行对比，结果表明两者之间也吻合得很好。

使用FDS进行计算前，先应建立一个数据输入文件[24]。该文件大体包括以下三个部分：

（1）提供所计算场景的必要说明信息，设定计算区域的物理尺度，设定网格并添加必要的几何学特征；

（2）设定火源和其他边界条件；

（3）设定所要查看的结果数据，如某个截面上的温度、能见度。

FDS输入语句每行以"&"开始，紧接着是名单群（开头、表格、开口等），接着是一个空格或逗号，后面是正确的输入参数列，最后以字符"/"终止。

下面给出一段简短的FDS输入数据文件示例，现结合此例说明一些重要设置的含义。

FDS5.0 数据输入文件示例

```
&HEAD CHID='WTC_05_v5',TITLE='WTC Phase 1,Test 5,FDS version 5'/
&MESH IJK=90,36,38,XB=-1.0,8.0,-1.8,1.8,0.0,3.82 /
&TIME TWFIN=5400. /
&MISC SURF_DEFAULT='CONCRETE',TMPA=20. /
&DUMP NFRAMES=1800,DT_HRR=10.,DT_DEVC=10.,DT_PROF=30. /
&REAC ID='HEPTANE TO CO2'
      FYI='Heptane,C_7 H_16'
      C=7.
      H=16.
      CO_YIELD=0.008 /
      SOOT_YIELD=0.015 /
&SURF ID='FIRE',HRRPUA=1000.0/
&OBST XB=2.3,4.5,1.3,4.8,0.0,9.2,SURF_IDS='FIRE','INERT','INERT'/
&VENT CB='XBAR0',SURF_ID='OPEN'/
&SLCF PBY=0.0,QUANTITY='TEMPERATURE',VECTOR=.TRUE. /
&BNDF QUANTITY='GAUGE_HEAT_FLUX'/
&DEVC XYZ=6.04,0.28,3.65,QUANTITY='oxygen',ID='EO2_FDS'/
&TAIL / Add this line simply to remove end-of-file character from last line
```

输入文件中的参数可以是整数、实数、数组实数、字符串、数组字符串或逻辑词。输入参数可用逗号或空格分隔开。只要没有出现"&"和"/",相关的评注或注意就能写入文件之中。

主要输入参数说明如下:

(1) 任务命名 (HEAD)

HEAD 用于给出相关输入文件的任务名称,包括两个参数:CHID 是一个最多可包含 30 个字符的字符串,用于标记输出文件;TITLE 是描述问题的最多包含 60 个字符的字符串,用于标记算例序号。

(2) 计算时间 (TIME)

TIME 用来定义模拟计算持续的时间和最初的时间步。通常仅需要设置计算持续时间,其参数为 TWFIN。在上面的示例中,计算时间为 5400s,缺省时间为 1s。

(3) 计算网格 (MESH)

MESH 用于定义计算网格。一个网格是一个独立的平行六面体,内部坐标采用右手坐标系,该平行六面体的起始点由 X_B 的第 1、3、5 个值确定,对角点由第 2、4、6 个值确定。在上面的示例中,由 $(-1.0, -1.8, 0.0)$ 与 $(8.0, 1.8, 3.82)$ 构成的平行六面体作为计算区域,X、Y、Z 方向的计算分格 (GRID) 数分别为 90 个、36 个和 38 个。

(4) 综合参数 (MISC)

MISC 是各类综合性输入参数的名称列表组,一个数据文件仅有一个 MISC 行。在上面的示例中,MISC 表示将建筑物的壁面材料性质设为缺省值,即直接取混凝土的值,环境温度为 20℃。

(5) 边界条件 (SURF)

SURF 用于定义流动区域内所有固定表面或开口的边界条件。障碍物或开口的物理坐标是在 OBST 以及 VENT 行中列出的,而它们的边界条件则在 SURF 行中描述。固体表面默认的边界条件是冷的惰性墙壁。如果采用这种边界条件,则无需在输入文件中添加 SURF 行;如果要得到额外的边界条件,则必须分别在本行中给出。每个 SURF 行都包括一个辨识字符 ID='..',用来引入障碍物或出口的参数。而在每一个 OBST 和 VENT 行中的特征字符 SURF_ID='..',则用来指出包含所需边界条件的参数。

SURF 还可用来设定火源,HRRPUA 为单位面积热释放速率 (kW/m²),用于控制可燃物的燃烧速率。如果仅需一个确定热释放速率的火源,则仅需设定 HRRPUA。例如:

& SURF ID='FIRE',HRRPUA=500./

这表示将 500kW/m² 的热释放速率应用于任何 SURF ID='FIRE' 的表面之上。SURF 还可以用来设定热边界条件和速度边界条件。

(6) 障碍物 (OBST)

OBST 列出有关障碍物的信息,每个 OBST 行都包含流域内矩形固体对象的坐标。固体物品可由 (X_1, Y_1, Z_1) 和 (X_2, Y_2, Z_2) 两个点确定,在 OBST 行中的表示为:$X_B = X_1, X_2, Y_1, Y_2, Z_1, Z_2$。除了障碍物的坐标之外,其边界条件还可以由参数 SURF_ID 给出。SURF 给出的是障碍物的表面状况。如果障碍物的顶部、侧面和底部的边界条件不同,便可用含有 3 个字符串的数组（SURF_IDS）来分别描述顶部、侧面和底部的边界条件。如果想得到默认的边界条件就不要建立 SURF_IDS。

(7) 通风口（VENT）

VENT 用来描述紧靠障碍物或外墙上的平面，用 X_B 来表示，其六个坐标中必须有一对是相同的，以表示为一个平面。在 VENT 中可以使用 SURF_IDS 来将外部边界条件设为"OPEN"，即假设计算域内的外部边界条件是实体墙，OPEN 表示将墙上的门或窗打开。OPEN 也可用来模拟送风和排烟风机。如：

&SURF ID='BLOWER',VEL=-1.5/
&VENT XB=0.50,0.50,0.25,0.75,0.25,0.75,SURF_ID='BLOWER'/

以上内容表示在网格边界内创建了一个平面，它以 1.5m/s 的速度由 X 坐标的负方向向内送风。

(8) 燃烧参数（REAC）

REAC 用来描述火源状况，一般有两种形式：一种是在 SURF 行中定义单位面积热释放速率 HRRPUA，另一种是用"HEAT_OF_VAPORIZATION"描述。在后一种情况下，燃烧速率是根据到达燃料表面的净热反馈确定的。这两种情况都要使用混合分数燃烧模型。REAC 用于输入与可燃物和氧气反应的相关参数。如果火灾的热释放速率由 HRRPUA 给出，那么这些参数不必修正；如果可燃物的燃烧状况由 HEAT_OF_VAPORIZATION 来描述，那么就需要慎重选择适当的反应参数。

(9) 装置（DEVC 和 PROP）

在 FDS 中，水喷头、感烟探测器、热通量计和热电偶等统称为装置，它们均依靠所赋予的属性运行，记录一些模拟环境的量。例如，感烟探测器可用于表示触发某个事件，如同一个定时器。在 FDS5.0 中，所有装置仅用 PROP 和 DEVC 来定义。PROP 分配装置的属性，例如水喷头的响应时间常数（RTI）。DEVC 则将装置放置在计算区域内，包括其位置、朝向和其他可以逐点改变的参数，如：

&PROP ID='K-11',CLASS='SPRINKLER',RTI=148.,C_FACTOR=0.7,ACTIVATION_TEMPERATURE=74.,OFFSET=0.10,PART_ID='water drops',FLOW_RATE=189.3,DROPLET_VELOCITY=10.,SPRAY_ANGLE=30.,80./
&DEVC ID='Spr_60',XYZ=22.88,19.76,7.46,PROP_ID='K-11'/

上面几行设定了一个名为"Spr_60"的水喷头，其位置由 XYZ 给定的坐标点确定。该喷头是 K-11 型，其属性在 PROP 行中给出。

(10) 输出数据组

在输入文件中还应设定所有需要输出的参数，如 THCP、SLCF、BNDF、ISOF 和 PL3D 等。否则在计算结束后将无法查看所需信息。查看计算结果有几种方法。如热电偶是保存空间某给定点温度的量，该量可表示为时间的函数。为了使流场更好地可视化，可使用 SLCF 或 BNDF 将数据保存为二维数据切片。这两类输出格式都可以在计算结束后以动画的形式查看。

另外还可用 PL3D 文件自动存储所需的流场图片。示踪粒子能够从通风口或障碍物注入流动区域，然后在 Smokeview 中查看。粒子的注入速率、采样率及其他与粒子有关的参数可使用 PART 名单组控制。

(11) 结尾 (TAIL)

数据输入文件以"&TAIL"为最后一行，表示所有数据已全部输入完毕。

运行和查看结果：当对编写好的数据输入文件检查无误后，即可将其存放在预定文件夹中。对于 MS Windows 的用户，需打开命令提示窗口，找到 .fds 输入文件所在的目录，输入命令提示：

fds5 job_name.fds

即可开始模拟计算。

计算完成后，可以打开目标文件夹内的 .smv 文件查看计算结果。其中的某些计算结果，如火源热释放速率和热电偶测得的温度值等，会存储为 .csv 格式的文件，可使用 Microsoft Office Excel 等软件直接打开进行查看。

参考文献

[1] 纪杰, 钟委, 高子鹤. 狭长空间烟气流动特性及控制方法. 北京: 科学出版社, 2015.
[2] Quintiere J G. Scaling Applications in Fire Research. Fire Safety Journal, 1989, 15 (1): 3-29.
[3] Heskestad G. Physical Modeling of Fire. Journal of Fire and Flammability, 1975, (6): 253-273.
[4] James A. Milke. Smoke management in covered malls and atria. SFPE Handbook of Fire Protection Engineering, Quincy: Society of Fire Protection Engineers and National Fire Protection Association. Section 4. Chapter 13. 3rd ed. 1995. 4-294-295.
[5] 孟娜. 地铁车站关键结合部位火灾烟气流动特性及控制模式优化研究. 合肥: 中国科学技术大学, 2014.
[6] 胡隆华, 孟娜, 祝实, 等. 一种地铁车站关键结合部位火灾烟气控制模拟实验平台. CN103971576A. 2016.08.06.
[7] 胡隆华, 阳东, 霍然, 等. 隧道火灾模拟实验平台. CN101726370B. 2010-06-09.
[8] 胡隆华, 孟娜, 刘炳海, 等. 一种铁路隧道救援站火灾模拟实验系统. CN102306459A. 2012-01-04
[9] Balzek J. Computational Fluid Dynamics: Principles and Applications, Oxford: Elsevier Science, 2001.
[10] Cox G, Kumar S. Modeling enclosure fires using CFD, Chapter 8, The SFPE Handbook of Fire Protection Engineering, 3rd edition, National Fire Protection Association, Inc. Auincy, Massachusetts, 2002.
[11] 刘斌. 流体仿真从入门到精通. 北京: 清华大学出版社, 2019.
[12] 朱利刚. 槽道壁面多障碍物绕流的数值模拟. 南京: 南京理工大学, 2007.
[13] 胡隆华, 彭伟, 杨瑞新. 隧道火灾动力学与防治技术基础. 北京: 科学出版社, 2014.
[14] Hu L H, Peng W, Huo R. Critical wind velocity for arresting upwind gas and smoke dispersion induced by near wall fire in a road tunnel, Journal of Hazardous Materials, 2008, 150 (1): 68-75.
[15] Hu L H, Fong N K, Yang L Z, et al. Modeling fire-induced smoke spread and carbon monoxide transportation in a long channel: Fire Dynamics Simulator comparisons with measured data, Journal of Hazardous Materials, 2007, 140 (1-2): 293-298.
[16] Hu L H, Huo R, Wang H B, et al. Experimental and numerical studies on longitudinal smoke temperature distribution upstream and downstream from the fire in a road tunnel. Journal of Fire Sciences, 2007, 25 (1): 23-43.
[17] McGrattan K, McDermott R, Hostikka S, et al. Fire Dynamics Simulator (Version 5) User's Guide, NIST

Special Publication 1019-5, National Institute of Standards and Technology, 2010.
[18] McGrattan K, Hostikka S, Floyd J, et al. Fire Dynamics Simulator (Version 5) Technical Reference Guide, NIST Special Publication 1018-5, National Institute of Standards and Technology, 2010.
[19] McGrattan K B, Baum H R, Rehm R G. Large eddy simulations of smoke movement. Fire Safety Journal, 1998, 30 (2): 161-178.
[20] 鲁嘉华, 张志英. 地铁火灾数值模拟研究综述. 上海理工大学学报, 2008, 30 (5): 501-506.
[21] Zhang W, Hamer A, Klassen M, et al. Turbulence statistics in a fire room model by large eddy simulation. Fire Safety Journal, 2002, 37 (8): 721-752.
[22] Choi B I, Oh C B, Kim M B, et al. A new design criterion of fire ventilation for the transversely ventilated tunnels. Tunnelling and Underground Space Technology, 2006, 21 (3/4): 277-278.
[23] Hu L H, Tang F, Yang D, et al. Longitudinal distributions of CO concentration and difference with temperature field in a tunnel fire smoke flow. International Journal of Heat and Mass Transfer, 2010, 53 (13/14): 2844-2855.
[24] 霍然, 胡源, 李元洲. 建筑火灾安全工程导论. 合肥: 中国科学技术大学出版社, 2009.

第 3 章
地铁列车火灾烟气流动特性及控制

3.1 列车火灾烟气流动特性

自世界上第一条地铁开通以来，地铁火灾就不曾间断过。要对地铁火灾进行科学合理的认识和有效防治，首先必须对地铁火灾的发展过程和物理特征进行研究。

行驶在隧道中的地铁列车发生火灾时，由于在隧道内难以进行火灾扑救和人员疏散，着火列车应尽量行驶至前方车站，停靠车站进行人员疏散和火灾扑救。此种火灾场景下，列车车门打开，同时站台的屏蔽门也处于开启状态，车站隧道轨行区和站台区处于连通状态，这时从列车溢出的火灾烟气不仅在隧道轨行区蔓延，还会蔓延到站台区，这和普通站台火灾或者隧道火灾有很大的区别。

现阶段，为了提高地铁车站的安全性、优化车站环境和节省空调系统能源，地铁车站往往设有屏蔽门系统。图 3.1 给出了两种屏蔽门系统，全封闭式屏蔽门和全高安全门的实物图和示意图。当着火列车停靠地铁车站，车站设有全封闭式屏蔽门时，火灾烟气仅通过屏蔽门蔓延到站台；而当车站设有全高安全门时，火灾烟气不仅通过安全门蔓延到站台区，还可以通过安全门上方的开敞空间由隧道区蔓延到站台区。因此，屏蔽门模式的不同也会对列车火灾时烟气的流动产生一定的影响。

(a) 全封闭式屏蔽门

 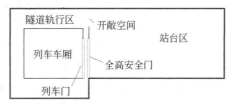

(b) 全高安全门

图 3.1 全封闭式屏蔽门和全高安全门实物图和示意图

目前关于地铁火灾方面的研究大多单独针对站台火灾，或者针对隧道火灾，而对列车火灾停靠车站时火灾烟气在隧道和站台关键结合部位的流动特性开展的研究比较少。对特殊火灾场景下着火列车停靠站台，火灾烟气在隧道和站台关键结合部位的蔓延特性开展研究对于列车发生火灾时人员疏散和烟气控制具有非常重要的意义。

3.1.1 烟气温度分布预测模型

伦敦金十字地铁火灾发生后，Drysdale[1]等建立了缩尺度的实验模型对该事故开展研究，研究表明自动扶梯燃烧可产生沟槽效应，而沟槽效应对火焰的蔓延可起加速作用，这是造成事故重大人员伤亡的主要原因。

针对地铁火灾中的站台火灾，中国科学技术大学的钟委[2]建立了缩尺度地铁站台实验台，提出了火源距离站台端部较远和靠近端部时顶棚射流最高温度的预测模型，如下所述。

当火源距离站台端部较远时，最高温度的预测模型为：

$$\frac{\Delta T'_{max}}{T_a} = \alpha \dot{Q}_c^{\beta} \tag{3.1}$$

当 $\dot{Q}'_c < 0.398$ 时，$\alpha = 6.916$，$\beta = 2/3$；当 $\dot{Q}'_c \geq 0.398$ 时，$\alpha = 2.754$，$\beta = 0$。

而当火源距离站台端部较近时，最高温度的预测模型为：

$$\Delta T_{max,l} = 22.255 \times (0.2198 e^{-0.734 l/H} + 0.849) \frac{\dot{Q}_c^{2/3}}{H^{5/3}} \tag{3.2}$$

日本的 Kurioka 等[3]建造了小尺寸隧道实验台（图 3.2），并在该模型实验台开展了一系列火灾模拟实验，得到了纵向通风条件下隧道顶棚下最高温度的预测模型，如下式：

$$\frac{\Delta T_{max}}{T_a} = \gamma \left(\frac{\dot{Q}'^{2/3}}{Fr^{1/3}} \right)^{\varepsilon} \tag{3.3}$$

$$\frac{\dot{Q}'^{2/3}}{Fr^{1/3}} < 1.35, \ \gamma = 1.77, \ \varepsilon = 6/5 \tag{3.4}$$

$$\frac{\dot{Q}'^{2/3}}{Fr^{1/3}} \geq 1.35, \ \gamma = 2.54, \ \varepsilon = 0 \tag{3.5}$$

其中，无量纲火源功率定义为：

$$\dot{Q}' = \frac{\dot{Q}}{\rho_a c_p T_a g^{1/2} H_d^{5/2}} \tag{3.6}$$

弗劳德数定义为：

$$Fr = \frac{U^2}{g H_d} \tag{3.7}$$

中国科学技术大学的胡隆华等[4]开展了一系列全尺寸实验，对 Kurioka 最高烟气温度的预测模型进行了验证。随后，中国科学技术大学的李立明等[5]考虑了车辆阻塞效应对最高温度的影响，对 Kurioka 模型进行了修正。

从以上的研究可以看出，现有的研究基本单独针对站台火灾或者隧道火灾，而单独的站台或者单独的隧道与站台和隧道处于连通状态时的建筑结构有很大区别，这也说明列车火灾时的烟气流动特性与站台火灾和隧道火灾时的烟气流动特性是不同的，而目前这方面的研究开展得还很少，值得进一步研究。另外，现有地铁列车多采用难燃材料，地铁车厢内可燃物

第3章 地铁列车火灾烟气流动特性及控制

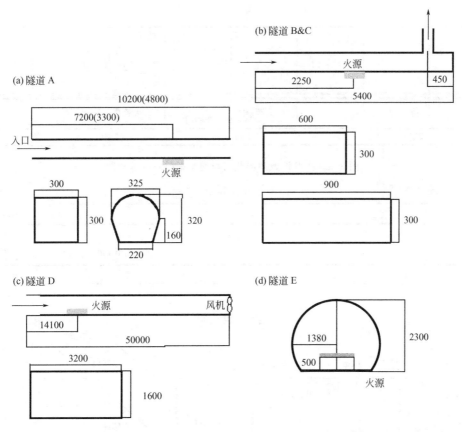

图 3.2 Kurioka 建立的小尺寸隧道实验台示意图[3]

较少,列车火灾时火源功率较小,由于地铁列车具有一定的长度,火灾烟气会先在车厢内蔓延填充,再从列车门溢流到隧道区和站台区,这也和站台火灾和隧道火灾时的烟气流动过程有很大的差别。因此,开展列车火灾停靠车站时火灾烟气在站台和隧道关键结合部位流动特性研究对于更好地认识和防治地铁火灾具有重要意义。

本章通过在小尺寸地铁实验台开展一系列实验,研究屏蔽门为全封闭式和全高两种模式下,列车不同位置着火时,火灾烟气在隧道和站台关键结合部位的流动特性。

3.1.2 实验设置

实验在小尺寸地铁车站实验台开展,第二章中已经对实验台的结构和功能做了详细的介绍。为了更好地模拟列车着火停靠站台时的火灾场景,模拟列车置于隧道轨行区,模拟列车与站台长度相等,列车车门与站台区屏蔽门尺寸相同、一一对应,见图 3.3。实验中将模拟火源置于模拟列车车厢内,为模拟列车火灾火源位于不同位置处时的火灾场景,实验中火源分别置于模拟列车中间、头部(靠近楼梯口处)和模拟列车端部。

站与隧道关键结合部位屏蔽门设有两种形式:全封闭式屏蔽门和全高安全门,见图 3.1。全封闭式屏蔽门隧道与站台之间仅通过屏蔽门连通,当全封闭式屏蔽门处于关闭状态时,隧道与站台处于完全隔离状态;而对于全高安全门,屏蔽门上方处于开敞状态,因此,当全高安全门处于关闭状态时,站台区和隧道区仍可通过安全门上方的开敞空间连通。

实验中热电偶分别布置在隧道区、站台区和站厅楼梯口处,如图 3.4 所示。在隧道顶棚

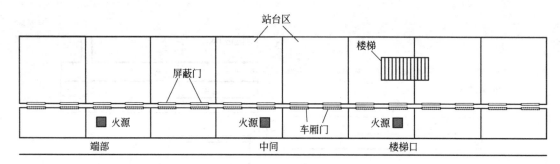

图3.3 火源设置和屏蔽门与列车车门对应示意图

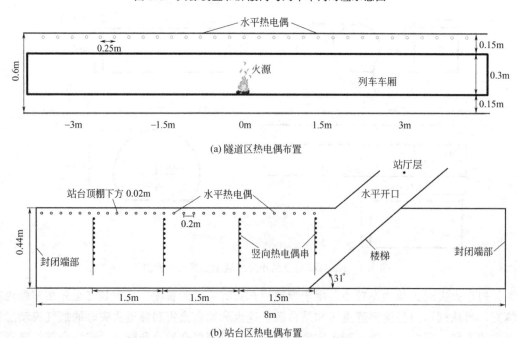

(a) 隧道区热电偶布置

(b) 站台区热电偶布置

图3.4 小尺寸列车火灾实验热电偶布置示意图

下方布置一串水平热电偶,距顶棚0.02m,热电偶间距0.25m,用于测量隧道顶棚下方烟气温度。在站台纵向中心线位置,顶棚下方也布置了一串水平热电偶,距顶棚0.02m,间距0.2m,用于测量站台顶棚下方烟气温度;在站台纵向中心线上布置有四串竖向热电偶,热电偶串水平间距1.5m,最右端竖向热电偶串靠近楼梯口处。另外在站厅楼梯口处布置单个热电偶,用于测量蔓延到站厅层的火灾烟气温度。

实验中通过改变火源位置、火源功率和屏蔽门样式开展了一系列实验,每组实验时间为10min,具体实验工况见表3.1。

3.1.3 隧道轨行区温度分布

图3.5和图3.6给出了火源位于中间位置时,全封闭式屏蔽门和全高安全门形式下隧道顶棚下方火源正上方和距离火源3m位置处温度随时间的变化。从图中可以看出,火源上方的温度经过一段时间后能达到稳定值,而远火源处的温度则一直处于缓慢增长阶段。这与普通隧道火灾是有区别的,普通隧道火灾中,隧道顶棚下方远火源处温度经过一段时间后也会达到稳定值。

表 3.1 小尺寸列车火灾实验工况

序号	屏蔽门类型	火源位置	火源功率(kW)/当量全尺寸火源功率(MW)				
1	全封闭	中间	6.12/1.94	7.14/2.26	8.16/2.58	9.18/2.91	10.2/3.23
			11.2/3.55	12.24/3.87	13.26/4.2	14.28/4.52	15.3/4.84
			16.22/5.16	17.24/5.48	18.26/5.8	19.28/6.12	20.3/6.44
			21.32/6.76				
2		端部	6.12/1.94	7.14/2.26	8.16/2.58	9.18/2.91	10.2/3.23
			11.2/3.55	12.24/3.87	13.26/4.2	14.28/4.52	15.3/4.84
3		楼梯口	6.12/1.94	7.14/2.26	8.16/2.58	9.18/2.91	10.2/3.23
			11.2/3.55	12.24/3.87	13.26/4.2	14.28/4.52	15.3/4.84
4	全高	中间	6.12/1.94	7.14/2.26	8.16/2.58	9.18/2.91	10.2/3.23
			11.2/3.55	12.24/3.87	13.26/4.2	14.28/4.52	15.3/4.84
			16.22/5.16	17.24/5.48	18.26/5.8	19.28/6.12	20.3/6.44
			21.32/6.76				
5		端部	6.12/1.94	7.14/2.26	8.16/2.58	9.18/2.91	10.2/3.23
			11.2/3.55	12.24/3.87	13.26/4.2	14.28/4.52	15.3/4.84
6		楼梯口	6.12/1.94	7.14/2.26	8.16/2.58	9.18/2.91	10.2/3.23
			11.2/3.55	12.24/3.87	13.26/4.2	14.28/4.52	15.3/4.84

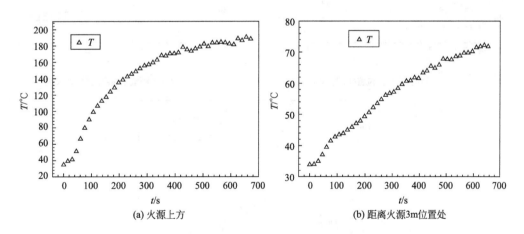

(a) 火源上方　　　　　　　　　　(b) 距离火源3m位置处

图 3.5　全封闭式屏蔽门隧道顶棚下方温度（火源位置中间，12.24kW）

鉴于实验时间段内，尽管火源上方烟气温度能达到稳定状态，但远火源位置处温度仍然处于缓慢增长的趋势，本文取实验时间段 10min 内后 50s 的温度数据，求取平均值，作为各测点的温度值开展分析。作图时以火源位置作为水平方向的零坐标。

图 3.7 给出了三种火源位置时，全封闭式屏蔽门和全高安全门情况下，隧道顶棚温度分布，从图中可以看出，全封闭式屏蔽门情况下隧道顶棚温度均高于全高安全门时的温度。这说明火灾烟气在从隧道区往站台区蔓延的过程中，全封闭式屏蔽门对火灾烟气的阻隔作用要优于全高安全门。

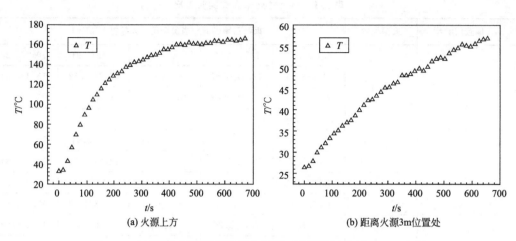

图 3.6　全高安全门隧道顶棚下方温度（火源位置中间，12.24kW）

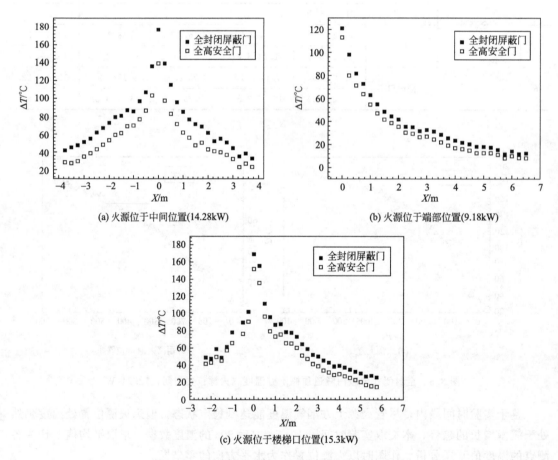

图 3.7　两种屏蔽门情况下隧道顶棚下方温度对比

图 3.8 给出了火源位于中间位置时两种屏蔽门情况下隧道顶棚温度分布，可以看出，隧道顶棚下方火源两侧烟气温度基本呈对称分布，因此在下面的分析中只选择火源一侧的温度进行分析。

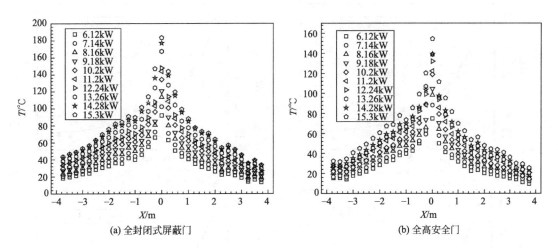

(a) 全封闭式屏蔽门　　(b) 全高安全门

图 3.8　火源位于中间位置时两种屏蔽门情况下隧道顶棚下方温度分布

为了对隧道顶棚下方烟气温度分布规律进行研究,我们对温度采集时间段内后 50s 的温度取平均值,再以火源上方的最高温度作为基准温度,对各测点温度做归一化处理,如图 3.9 所示。

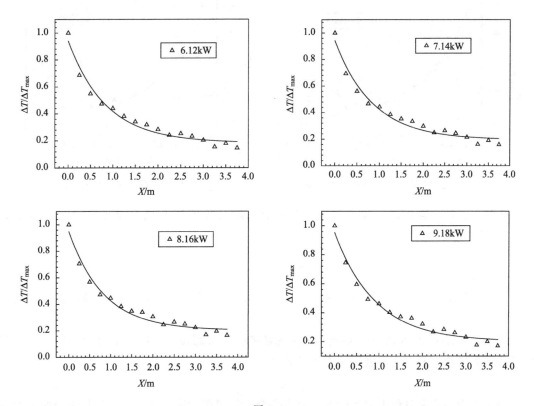

图 3.9

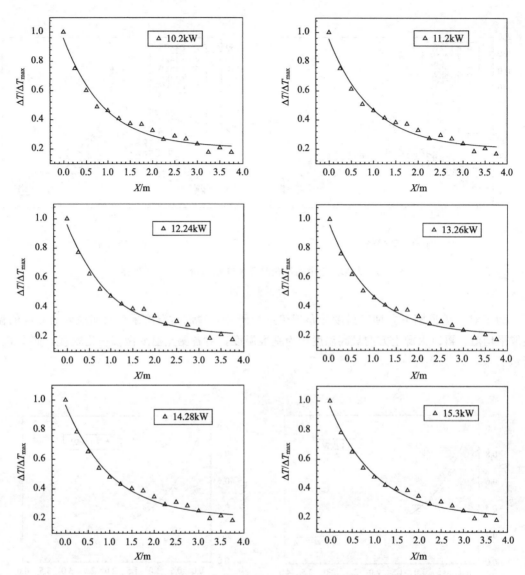

图3.9 火源位于中间位置时隧道顶棚下方烟气温度衰减规律（全封闭式屏蔽门）

从图3.9可以看出，火源位于中间位置时，隧道顶棚下方烟气温度衰减可以表示为下式：

$$\frac{\Delta T}{\Delta T_{\max}} = k_1 e^{-k_2 x} + y_0 \tag{3.8}$$

火源位于中间位置全封闭式屏蔽门情况下，k_1、k_2 和 y_0 以及拟合曲线的相关系数见表3.2。

对系数 k_1、k_2 取平均值，得到不同火源功率时，火源位于中间位置时全封闭式屏蔽门情况下隧道顶棚下方烟气温度衰减的表达式为：

$$y = 0.75 e^{-1.067x} + 0.22 \tag{3.9}$$

表3.3给出了火源位于中间位置，全高安全门设置形式时用式(3.8)进行拟合时拟合系数 k_1、k_2 和 y_0 的值。同样得到火源中间位置全高安全门情况下隧道顶棚下方烟气温度衰

第3章 地铁列车火灾烟气流动特性及控制

表 3.2 火源位于中间位置全封闭式屏蔽门时隧道顶棚下方烟气温度衰减拟合系数

火源功率/kW	k_1	k_2	y_0	相关系数
6.12	0.7554	1.1685	0.183	0.97
7.14	0.7465	1.1824	0.195	0.97
8.16	0.7466	1.1953	0.201	0.97
9.18	0.7528	1.086	0.201	0.97
10.2	0.7493	1.1	0.208	0.97
11.2	0.752	1.037	0.202	0.97
12.24	0.754	1.32	0.206	0.97
13.26	0.753	1.05	0.207	0.98
14.28	0.760	0.96	0.205	0.98
15.3	0.76	0.956	0.202	0.98

表 3.3 火源位于中间位置全高安全门时隧道顶棚下方烟气温度衰减拟合系数

火源功率/kW	k_1	k_2	y_0	相关系数
6.12	0.76	1.23	0.81	0.97
7.14	0.78	1.41	0.71	0.96
8.16	0.74	1.43	0.697	0.965
9.18	0.74	1.36	0.76	0.967
10.2	0.76	1.00	0.786	0.965
11.2	0.74	1.18	0.848	0.97
12.24	0.749	1.13	0.884	0.97
13.26	0.749	1.18	0.844	0.97
14.28	0.739	1.10	0.909	0.966
15.3	0.75	1.05	0.949	0.977

减规律的表达式为：

$$y = 0.75 e^{-1.22x} + 0.22 \tag{3.10}$$

定义无量纲火源功率：

$$\dot{Q}^* = \frac{\dot{Q}}{\rho_a T_a c_p g^{1/2} D^{5/2}} \tag{3.11}$$

式中，ρ_a 为空气密度；T_a 为环境温度；c_p 为空气定压比热容；g 为重力加速度；D 为火源边长。

图 3.10 给出了火源位于中间位置时，隧道顶棚下方归一化最高温升与无量纲火源功率之间的关系，可以看出在无量纲火源功率 $\dot{Q}^{*2/3} < 1.4$ 时，归一化最高温升与无量纲火源功率呈很好的线性关系，并且全封闭屏蔽门情况下的增长系数大于全高安全门情况下的增长系数。而当无量纲火源功率 $\dot{Q}^{*2/3} > 1.4$ 时，温度增长系数明显减小，这说明后面一段最高温度增长逐渐变得缓慢。这是因为随着火源功率的增大，车厢顶板在火源的作用下其自身温度不断上升，当火源功率增大到一定值后，火焰将直接撞击车厢顶板，而对于一种燃料来说，

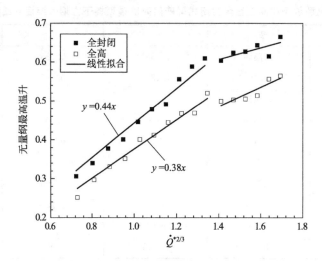

图 3.10 火源位于中间位置时隧道顶棚下方归一化最高温升
随无量纲火源功率的变化

火焰温度基本是不变的,因此当火焰直接撞击车厢顶板后,再继续增大火源功率,车厢顶板自身温度变化不大。

车厢表面温度产生的辐射可用下式表示:

$$E = \sigma T^4 \tag{3.12}$$

式中,σ 为玻尔兹曼常数,$\sigma = 5.67 \times 10^{-8} \text{W/m}^2 \cdot \text{K}^4$。

当车厢表面温度较低时,其产生的辐射相对较小,那么辐射对隧道顶棚下方烟气最高温度的影响较小,这时隧道顶棚下方最高温度主要还是受火灾烟气的影响,因此归一化最高温升与火源功率呈很好的线性关系。而当车厢表面温度较高时,其产生的热辐射不可忽略,随着火源功率的增大,车厢顶板表面温度基本保持不变,车厢顶板的热辐射也基本为定值,这也是后面一段增长系数会减小的原因。

图 3.11 是火源位于中间位置时拟合结果与实验结果的对应,从图中可以看出幂指数拟合结果和实验结果吻合得很好。当火源功率增大到一定值后,顶棚下方最高温升增长逐渐变得缓慢,因此隧道顶棚下方归一化温升随离开火源距离的增大其衰减也逐渐变得缓慢。

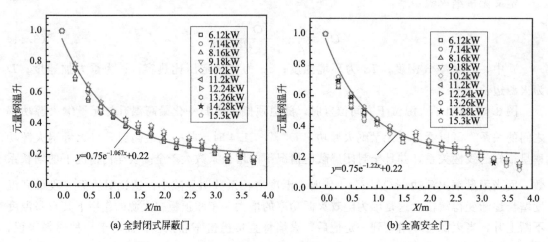

图 3.11 火源位于中间位置时拟合结果与实验结果的对应

图 3.12 和图 3.13 给出了火源位于端部和楼梯口处时的隧道顶棚下方温度衰减规律,从图中可以看出,改变火源位置后,烟气温度衰减仍遵循幂指数的衰减规律。图 3.14 和图 3.15 为火源位于端部和楼梯口位置时隧道顶棚下方归一化最高温升随无量纲火源功率的变化,可以看出,改变火源位置后,归一化最高温升与无量纲火源功率之间的线性关系几乎不受影响。

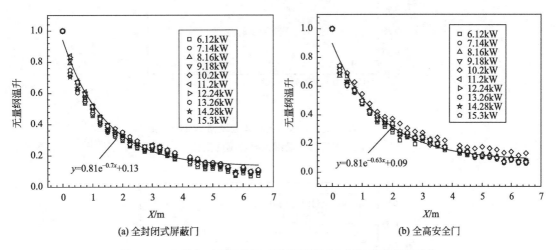

图 3.12　火源位于端部位置时隧道顶棚下方烟气温度衰减规律

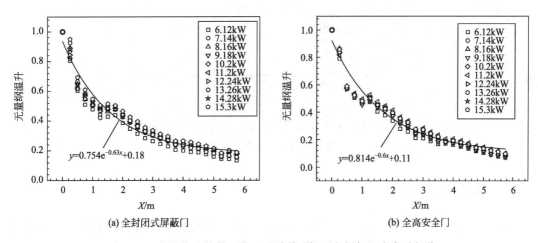

图 3.13　火源位于楼梯口位置时隧道顶棚下方烟气温度衰减规律

从以上分析可以看出,当屏蔽门为全封闭式时,隧道顶棚下方温度的绝对值大于全高安全门时的温度值。在对隧道顶棚温度归一化处理以后,归一化温度随离开火源距离呈幂指数衰减的规律,这与隧道火灾时顶棚温度衰减具有相似性,并且这种衰减规律受屏蔽门的样式和火源位置的影响较小。隧道顶棚下方烟气归一化最高温升与无量纲火源功率呈很好的线性关系,这种线性关系受屏蔽门样式和火源位置的影响比较小,但全封闭式屏蔽门模式下的直线斜率略大于全高安全门时的斜率,且随着火源功率的增大,线性增长曲线出现转折点,与前一段相比后一段增长减缓。

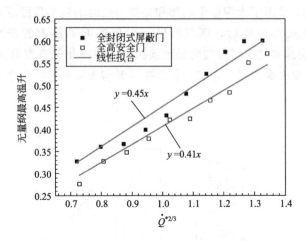

图 3.14 火源位于端部位置时隧道顶棚下方归一化最高温升随无量纲火源功率的变化

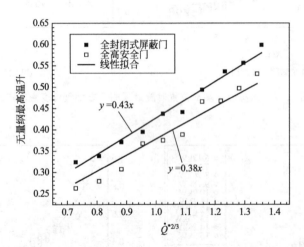

图 3.15 火源位于楼梯口位置时隧道顶棚下方归一化最高温升随无量纲火源功率的变化

3.1.4 站台区温度分布

图 3.16 为全封闭式屏蔽门情况下,站台竖向热电偶串温度分布图,从图中可以看出,随着高度的增加,温度呈逐渐上升的趋势,但温度在竖直高度方向并无明显增大的现象,这说明扩散到站台的烟气在站台无明显的分层,整个站台都充满了低温烟气。

图 3.17 为全高安全门情况下,站台竖向热电偶串温度分布图。从图中可以看出,温度在竖向上会有明显增大的现象,上部温度明显高于下部,这主要与火灾烟气能从安全门上方的开敞空间蔓延到站台区有关。

图 3.18 为全高安全门情况下,站台顶棚下方烟气归一化最高温升随无量纲火源功率的变化图。从图中可以看出,不同火源位置处,归一化最高温升随无量纲火源功率的增大呈线性增长的规律;当火源位于中间位置处时,各火源功率下站台顶棚归一化最高温度明显低于其他位置处;当火源位于端部和楼梯口处时,最高温升比较接近且呈相近的线性增长规律,

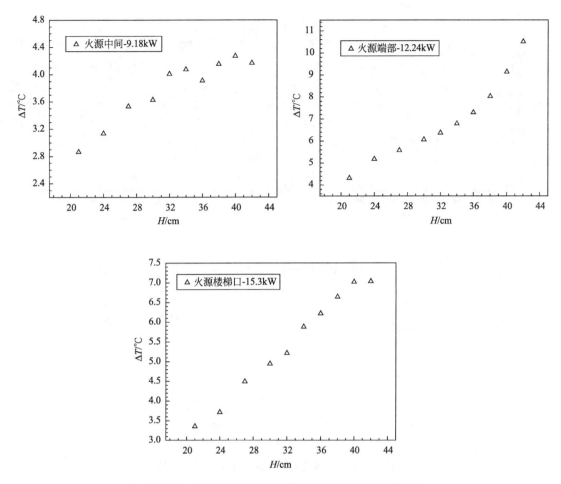

图 3.16 站台竖向热电偶串温升图（全封闭式屏蔽门）

增长系数要略高于火源位于中间位置处。

对全高安全门时站台楼梯口处各竖向温度监测点温升求平均值，作为站台楼梯口处的平均温升，见图 3.19。从图 3.19(a) 中可以看出，各工况下全高安全门情况下楼梯口处的温度明显高于全封闭式屏蔽门情况下楼梯口处的温度；火源距离楼梯口越近，楼梯口处温升越高。当屏蔽门为全封闭式，且火源位于距离楼梯口较远处时，火源功率的增大对楼梯口处温升影响比较小。从图 3.19(b) 可以看出，当屏蔽门为全高安全门时，不同火源位置处，楼梯口处归一化温升随无量纲火源功率的增大呈线性增长的规律，且增长系数随火源到楼梯口距离的减小而增大。

图 3.20 为各工况下站厅楼梯口处温升图。从图中可以看出全封闭式屏蔽门情况下站厅楼梯口处温升明显低于全高安全门时的温升；各火源功率下，站厅楼梯口处温升随火源离开楼梯口距离的减小而增大。

通过以上对站台区温度分布分析可以得出以下结论。

从站台竖向热电偶串温度可以看出，全封闭式屏蔽门情况下，站台温度在竖向并无明显增大的现象，而全高安全门情况下，站台温度在竖向有明显升高的现象，上部温度明显高于下部。

从全高安全门情况下站台顶棚烟气最高温升可以看出，火源位于中间位置处时，顶棚最

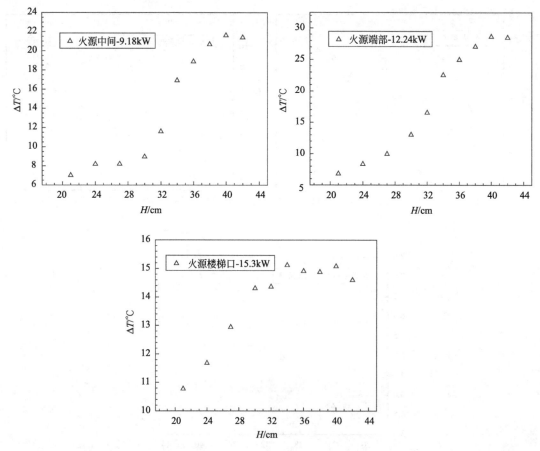

图 3.17 站台竖向热电偶串温升图（全高安全门）

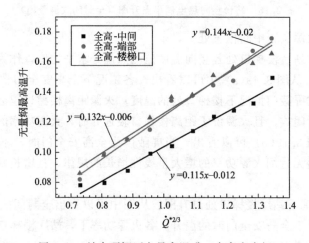

图 3.18 站台顶棚下方最高温升（全高安全门）

高温升明显低于其他两位置处；不同火源位置处，归一化最高温升随火源功率的增大呈线性增长的规律。

从站台和站厅楼梯口处的平均温升可以看出，全高安全门情况下楼梯口处的平均温升明显高于全封闭式屏蔽门情况下的温升，且火源距楼梯口距离越近，温升越高。当屏蔽门为全

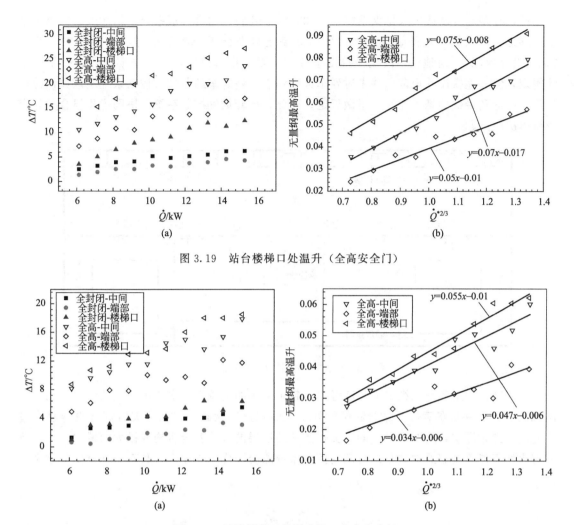

图 3.19　站台楼梯口处温升（全高安全门）

图 3.20　站厅楼梯口处温升图（全高安全门）

高安全门时，不同火源位置处，楼梯口处归一化温升随无量纲火源功率的增大呈线性增长的规律，且增长系数随离开楼梯口距离的减小而增大。

3.2　列车火灾烟气控制模式优化

随着地铁在城市的迅速发展，地铁在给城市交通带来便利的同时，也给城市消防安全带来了新的挑战。研究表明地铁火灾导致人员伤亡的主要原因是火灾产生的有毒有害烟气，因此烟气控制在地铁火灾研究中显得非常重要。隧道中行驶的地铁列车着火后由于隧道中不利于人员疏散和火灾扑救，一般应尽量行驶至前方车站，停靠站台进行人员疏散和火灾扑救。此种火灾场景下，站台、隧道轨行区和站厅都处于连通状态，这时的火灾场景不同于站台火灾，也不同于普通的隧道火灾，因此在人员从列车往站台和站厅疏散的过程中，站台与站厅、站台与隧道关键结合部位的烟气控制具有特殊性。

鉴于历史上发生的多起地铁火灾事故，后期地铁在建设和规划过程中，消防安全便成为一个不可忽视的方面。为了应对地铁火灾，满足地铁火灾发生时对排烟的需求，现有地铁车站往往设有多套空调通风兼排烟系统，例如，站台公共区的送排烟系统、站厅层的送排烟系统、隧道轨行区的轨顶排烟系统和轨底排烟系统以及隧道风机系统等，见图3.21。我国《地铁设计规范》[6]对地铁站内机械排烟系统的设置、排烟口的风速、排烟量等进行了详细的规定，但《地铁设计规范》并未对列车火灾停靠车站时车站各烟气控制系统应该如何协调工作，以达到最优的烟气控制效果做规定。因此，多套烟气控制系统的协同优化组合是一个亟待解决的问题。

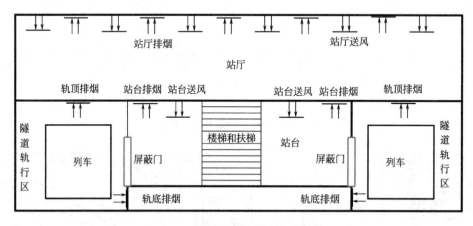

图3.21 地铁车站烟气控制系统示意图

从美观、舒适和开阔视野的角度考虑，越来越多的地铁车站采用中庭式的建筑结构，见图3.22。由于中庭的存在，站台和站厅处于大面积连通状态，地铁火灾时烟气更容易穿过中庭蔓延到站厅层，这对火灾时的人员疏散和站厅层的人员安全将构成极大的威胁，因此研究着火列车停靠中庭式地铁车站时烟气控制系统的协同优化工作模式具有非常重要的意义。

图3.22 中庭式地铁车站实物图

另外，现有地铁车站为了提高烟气控制系统的排烟效果，往往在站台与站厅、站台与隧道关键结合部位设有挡烟垂壁和防火卷帘，那么这些辅助烟气控制设施的设置在列车火灾中对烟气控制系统的排烟效果又会产生怎样的影响也是一个值得深入研究的问题。

针对地铁火灾烟气控制，迄今已开展了大量的实验研究和数值模拟方面的研究。Rie[7]等设计了缩尺度模型实验台，对地铁站烟气控制开展了研究。那艳玲[8-9]开展了盐水试验，研究地铁火灾时烟气蔓延特性，还将盐水试验的结果与数值模拟结果进行了对比分析，但受盐水试验的限制，其研究结果具有一定的局限性。中国安全生产科学院的钟茂华和史聪灵[10-12]等也在缩尺度实验台开展了列车火灾和站台火灾方面的实验研究。中国科学技术大学的钟委[2,13]等搭建了一蓄烟池，在该实验台通过改变排烟口高度和风速开展了一系列实验，对机械排烟系统的排烟效率开展了研究。

陈法林[14]等人开展了数值模拟研究，研究地铁车站不同火灾场景下火灾烟气蔓延过程，研究考虑了火源位置、烟囱效应、屏蔽门在烟气控制过程中的作用。Choi[15]等利用FDS，研究火源大小和补风、排烟速率对横向通风时隧道烟气蔓延特性进行研究。袁凤东[16]等采用AIRPAK对天津地铁某侧式地铁车站站台火灾进行数值模拟，通过对烟气控制模式改进前后速度场和温度场分布对比分析，提出了一种优化的通风模式。Gao[17]等针对西安某地铁车站，研究了站台火灾时，自然排烟和机械排烟混合式排烟的烟气控制效果，研究表明对于中庭式地铁车站，在中庭顶部设有天窗进行自然排烟是一种有效的排烟措施。Park[18]等的研究表明地铁车站烟气控制系统的排烟量对烟气运动影响非常大，烟气控制系统的排烟量越大，烟气控制效果越好。

以上研究中应用的烟气控制系统往往比较单一，对现有地铁车站多套烟气控制系统的协同工作模式优化开展的研究较少，同时对地铁车站辅助烟气控制设施的设置在烟气控制过程中的作用也缺乏研究。孟娜等[19]采用数值模拟的方法针对列车火灾停靠中庭式地铁车站时，车站多套烟气控制系统的协同工作模式优化开展研究，并对列车火灾时车站辅助烟气控制设施的设置对排烟效果的影响也开展了数值模拟研究。

3.2.1 CFD 数值模型

模拟地铁车站为一典型的双层地下地铁车站，见图3.23。地下一层为站厅层，大小为140m×12m×4m，地下二层为站台层，大小为140m×12m×4.5m。在站台顶棚上方有一个80m×8m的中庭，在站厅层四个角落处有4个出口，大小为6m×3m。隧道轨行区位于站台一侧，大小为180m×5m×6m。模拟地铁列车位于隧道内，由6节车厢组成，列车尺寸为140m×3.5m×2.75m，每节车厢有5个门，门宽2m，高2.2m，总共有30个门。模拟火源位于列车中间位置，火源大小设为10MW[14]，火源的烟气生成量y_s设为0.1[20-22]。

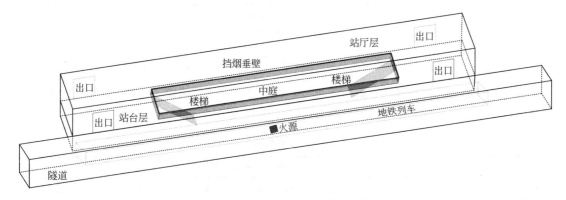

图 3.23 模拟地铁车站结构示意图

模拟屏蔽门系统设在站台与隧道连接处。模拟采用两种屏蔽门模式，全封闭式屏蔽门和半高式安全门。对于安装全封闭式屏蔽门的地铁车站，站台区和隧道轨行区仅通过屏蔽门连通,当屏蔽门处于关闭状态时,站台区和隧道轨行区是完全隔离的;对于安装半高安全门的地铁车站,安全门距站台地面的距离往往在1.2~1.5m之间,本文模拟中安全门的高度设为1.2m。整个模拟计算时间段内,全封闭式屏蔽门和半高安全门均处于全部开启状态。

地铁车站模型中的烟气控制系统包括以下几种。

(1) 站厅送风系统,由一系列位于站厅顶棚下方的送风口组成,见图3.24(a);

(2) 站台送风系统,由位于站台顶棚下方站台两端的一系列送风口组成,见图3.24(b);

(3) 站台排烟系统,排烟口也位于站台顶棚下方,见图3.24(b);

(4) 隧道轨顶排烟系统,位于与站台相连的隧道顶棚下方,见图3.24(b);

(5) 隧道风机排烟系统,排烟口位于隧道顶棚下方,靠近站台两端部,见图3.24(b);

(6) 隧道轨底排烟系统,排烟口位于站台屏蔽门下方,见图3.24(c),轨底排烟系统在地铁列车正常运行时用于排出列车运行产生的热量和湿气,而在火灾时可辅助排出烟气。

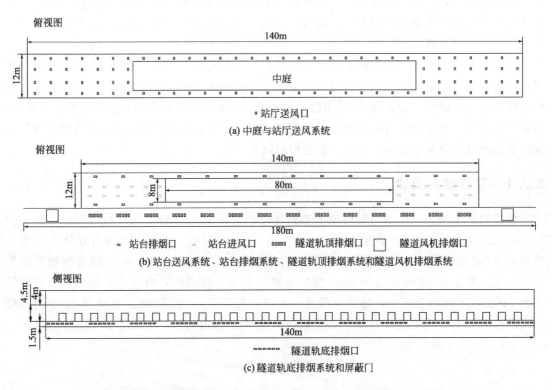

图 3.24 模拟地铁车站烟气控制系统风口布置与屏蔽门布置示意图

通过对以上地铁车站烟气控制系统进行多种组合,实现排烟模式的改变。针对全封闭式屏蔽门地铁车站和半高安全门地铁车站各模拟计算了10组工况,具体模拟工况见表3.4。

表 3.4 数值模拟工况

序号	屏蔽门样式	烟气控制系统模式/(m³/s)					
		站台排烟系统	隧道轨顶排烟系统	隧道轨底排烟系统	隧道风机排烟系统	站台送风系统	站厅送风系统
1	全封闭	—	—	—	—	—	—
2	全封闭	28	52.28	—	—	—	—

续表

序号	屏蔽门样式	烟气控制系统模式/(m³/s)					
		站台排烟系统	隧道轨顶排烟系统	隧道轨底排烟系统	隧道风机排烟系统	站台送风系统	站厅送风系统
3	全封闭	28	35	17.28	—	—	—
4	全封闭	28	35	17.28	128	—	—
5	全封闭	28	35	17.28	128	24	—
6	全封闭	28	35	17.28	128	—	44.16
7	全封闭	28	35	17.28	128	24	44.16
8	全封闭	28	35	17.28	128	—	88.32
9	全封闭	28	52.28	—	128	—	44.16
10	全封闭	28	—	—	128	—	44.16
11	半高	—	—	—	—	—	—
12	半高	28	52.28	—	—	—	—
13	半高	28	35	17.28	—	—	—
14	半高	28	35	17.28	128	—	—
15	半高	28	35	17.28	128	24	—
16	半高	28	35	17.28	128	—	44.16
17	半高	28	35	17.28	128	24	44.16
18	半高	28	35	17.28	128	—	88.32
19	半高	28	52.28	—	128	—	44.16
20	半高	28	—	—	128	—	44.16

FDS采用大涡模拟,而大涡模拟对计算网格的尺寸要求比较严格,因此,在开展模拟计算之前要对计算网格的独立性进行测试,从而保证数值模拟的结果不受网格尺寸的影响。由于火源附近的温度场梯度和速度场梯度变化比较大,因此在火源附近采取网格加密的方法,见图3.25。

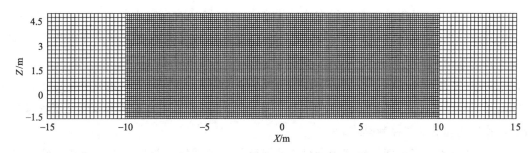

图3.25 数值模拟网格设置

火源附近选取0.1m,0.125m,0.25m三种网格尺寸,其他模拟区域网格尺寸是火源附近网格尺寸的两倍,网格测试时采用的网格设置见表3.5。

表 3.5 网格独立性测试

网格系统	火源区网格设置/m			其他区域网格设置/m		
	δx	δy	δz	δx	δy	δz
A	0.25	0.25	0.25	0.5	0.5	0.5
B	0.125	0.125	0.125	0.25	0.25	0.25
C	0.1	0.1	0.1	0.2	0.2	0.2

图 3.26 为三种网格系统时，近火源处和远火源处列车车厢顶棚下方烟气温度。从图中可以看出，当网格尺寸为 0.1m 和 0.125m 时，计算结果出现收敛，考虑到尽量节省计算时间的要求，模拟采用火源附近 0.125m×0.125m×0.125m 的网格尺寸，而其他计算区域采取 0.25m×0.25m×0.25m 的网格尺寸。

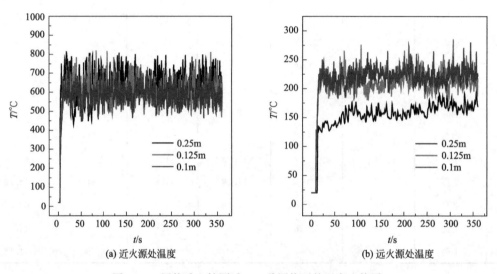

(a) 近火源处温度　　　　(b) 远火源处温度

图 3.26　网格独立性测试：三种网格下的温度比较图

3.2.2　全封闭式屏蔽门设置形式下多套烟气控制系统的协同工作模式优化

采用温度场和能见度场分布研究火灾烟气在地铁车站的蔓延。烟气的运动与热空气的运动具有相似性[14]，因此采用车站纵向中心截面的温度场分布研究火灾烟气在车站的蔓延。能见度可能引起人员恐慌和阻碍人员疏散[23]，因此，能见度在地铁火灾人员疏散中也具有非常重要的意义。研究表明[24]，人员疏散过程中温度指标不能超过 80℃，能见度指标为 2.1m 高度处不能低于 10m。在对温度场分布分析的同时还对距离站台地面 2m 高度处的能见度场进行了分析，在对不同烟气控制模式下表征烟气控制效果的温度场和能见度场综合分析后，找出优化的烟气控制模式。

图 3.27 给出了当屏蔽门模式为全封闭式屏蔽门时各烟气控制模式下，地铁车站纵向中心截面 360s 时的温度场。从图中可以看出当烟气控制系统均处于关闭状态时，火灾烟气在地铁车站内自由蔓延，继而蔓延到站厅层，整个地铁车站充满了烟气。隧道轨顶排烟系统和站台排烟系统开启后，火灾烟气在站厅的蔓延得到了明显的抑制。而隧道轨底排烟系统和

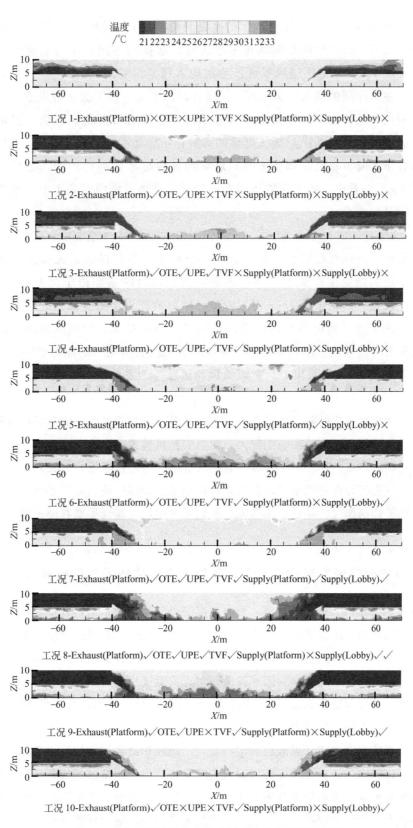

图 3.27 全封闭式屏蔽门模式下车站中心截面温度场

隧道排烟系统开启后，火灾烟气在站厅的蔓延只得到了稍微的改善，变化不明显。当站台送风系统开启后，送入气流对烟气在站厅的蔓延起推动作用，反而加速烟气在站厅层的蔓延，如工况 5。但是站厅送风系统产生的送入气流可对烟气的向上运动起抑制作用，从而抑制烟气在站厅层的蔓延，如工况 6。通过对比工况 6 和工况 7 可以看出，当着火列车停靠站台利用车站的排烟系统进行烟气控制时，应关闭站台送风系统。当站厅送风系统的送风量加倍时，送风系统对烟气蔓延的抑制作用愈加明显，如工况 8。对比工况 6 和工况 9 可以看出，隧道轨底排烟系统的开启对烟气的蔓延影响比较小，但是通过对比工况 6 和工况 10 可以看出，隧道轨顶排烟系统和轨底排烟系统同时关闭时，蔓延到站厅层的烟气量会明显增多。

图 3.28 为全封闭式屏蔽门模式下，各排烟模式下距站台地面 2m 高度处能见度场。从图中可以看出，与烟气控制系统处于关闭状态相比，站台排烟系统和隧道轨顶排烟系统开启后，中庭的能见度得到了极大的改善，但是站台两端部由于受补风不良的影响，能见度一直比较低。对比工况 4~8 可以看出，中庭的能见度随着站台送风系统的开启而降低，但随着站厅送风系统的开启而提高，并且送风量越大，能见度也越高。通过对比工况 6 和工况 9 可以看出，隧道轨底排烟系统的开启与否对站台的能见度影响比较小；但对比工况 9 和工况 10 可以看出，当隧道轨顶和轨底排烟系统同时关闭时，站台的能见度明显下降。

通过以上对全封闭式屏蔽门各排烟模式下车站温度场和能见度场的分析可以看出，排烟模式的优化受机械补风系统的影响比较大，恰当的补风模式可以提高烟气控制效果，同时也能改善火灾现场的环境条件。对于安装全封闭式屏蔽门的地铁车站，着火列车停靠车站进行烟气控制时，应关闭站台送风系统，开启站台排烟系统和隧道轨顶排烟系统，站厅送风系统的开启也有利于抑制烟气的蔓延，隧道风机排烟系统在烟气蔓延早期有助于排除烟气，因此也应该开启。

3.2.3 半高安全门设置形式下多套烟气控制系统的协同工作模式优化

对比图 3.27 和图 3.29 可以看出，装有半高安全门的地铁车站，各排烟模式下车站纵向中心截面温度场与全封闭式屏蔽门时类似。从图 3.28 和图 3.30 可以看出，对于全封闭式屏蔽门样式的地铁车站和半高安全门样式的地铁车站，各烟气控制模式下，半高安全门地铁车站中庭的能见度更低，这说明全封闭式屏蔽门对火灾烟气从隧道轨行区往站台区的蔓延起阻隔作用。另外，通过对比图 3.30 中的工况 16 和工况 19 可以看出，当轨底排烟系统关闭时，中庭的能见度反而得到了略微提高。

通过对以上装有全封闭式屏蔽门和半高安全门地铁车站各排烟模式下车站的温度场和能见度场分析可以看出，全封闭式屏蔽门对火灾烟气从隧道区往站台区的蔓延起一定的阻隔作用，可提高烟气控制系统的排烟效果。半高安全门地铁车站烟气控制系统的优化模式类似于全封闭式地铁车站烟气控制模式，区别在于全封闭式地铁车站的环境更利于火灾扑救和人员救援。

第3章 地铁列车火灾烟气流动特性及控制

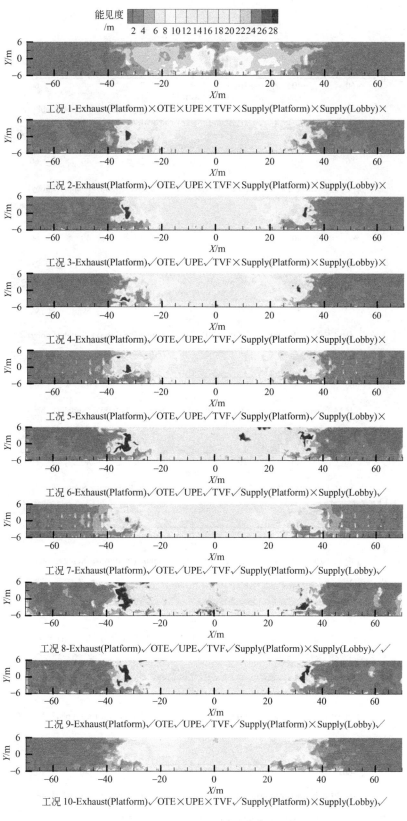

图 3.28　全封闭式屏蔽门模式下距站台地面 2m 高度处能见度场

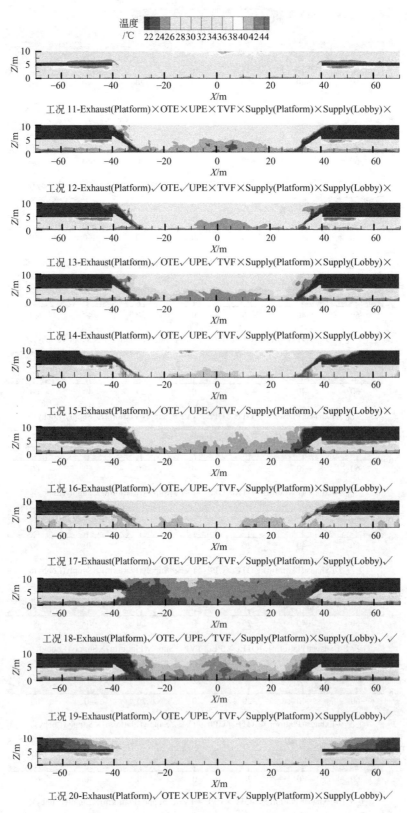

图3.29 半高安全门模式下车站中心截面温度场

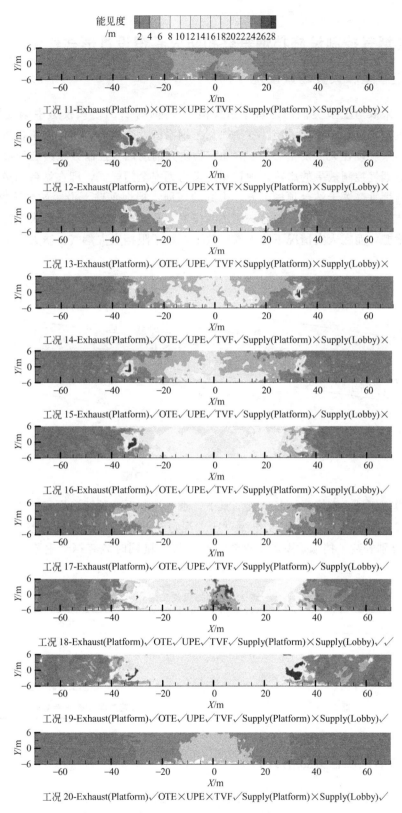

图 3.30 半高安全门模式下距站台地面 2m 高度处能见度场

3.3 辅助烟气控制设施挡烟垂壁和防火卷帘设置形式优化

3.3.1 数值模型和火灾场景设置

地铁车站采取与上节类似的地铁车站模型[25],见图3.31。该模型中烟气控制系统包括：站厅送风系统,站台排烟系统,隧道轨顶排烟系统,隧道轨底排烟系统,隧道风机排烟系统。各排烟系统设在火灾发生后60s启动。为研究辅助烟气控制设施挡烟垂壁和防火卷帘的设置形式对烟气控制效果的影响,地铁车站设为无安全门样式,即在站台和隧道之间不设置安全门。挡烟垂壁置于站台顶棚下方,中庭的四周,挡烟垂壁下沿距站台顶棚1.5m,防火卷帘也安装在站台顶棚下方,站台一侧边缘位置。假设在正常情况下防火卷帘处于卷起状态紧贴站台顶棚,而在火灾情况下防火卷帘放下,用于阻挡火灾烟气,防火卷帘下沿距站台地面2m。

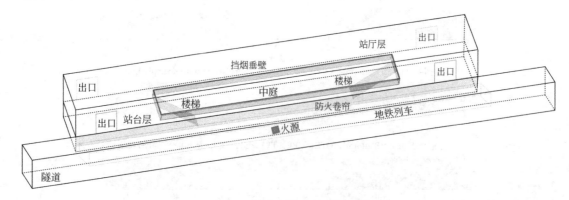

图3.31 模拟地铁车站物理模型

研究共模拟四种火灾场景,各火灾场景下,烟气控制系统的开启模式不变,只改变挡烟垂壁和防火卷帘设置形式。工况A作为对比工况,车站既不设置挡烟垂壁也无防火卷帘；工况B和C分别安装了挡烟垂壁和防火卷帘；工况D则同时装有挡烟垂壁和防火卷帘,具体见表3.6。

表3.6 模拟火灾工况

工况	安装情况
工况A	无挡烟垂壁,无防火卷帘
工况B	安装挡烟垂壁,无防火卷帘
工况C	无挡烟垂壁,安装防火卷帘
工况D	安装挡烟垂壁,安装防火卷帘

3.3.2 车站烟气质量分数的分布

图3.32给出了60s时工况A～D的烟气质量分数在地铁车站的分布。从图中可以看出地铁车站烟气控制系统开启之前,在无防火卷帘和挡烟垂壁的情况下,火灾烟气迅速从隧道蔓延到站台层,继而上升到站厅层；挡烟垂壁安装后,在其作用下,上升到站厅层的火灾烟

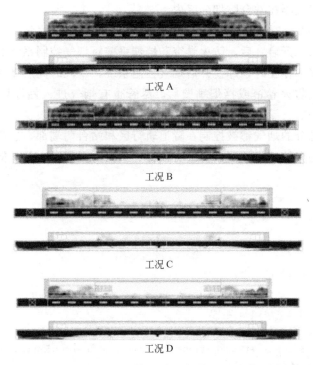

图 3.32 60s 时工况 A~D 烟气质量分数在地铁车站的分布图

气量呈减少的趋势；而在防火卷帘安装后，从隧道区蔓延到站台层的烟气量明显减少，这说明防火卷帘可以把大部分的烟气阻隔在隧道轨行区。当车站同时设置防火卷帘和挡烟垂壁后，防火卷帘可把大部分的烟气阻挡在隧道轨行区内，部分蔓延到站台区的烟气在挡烟垂壁

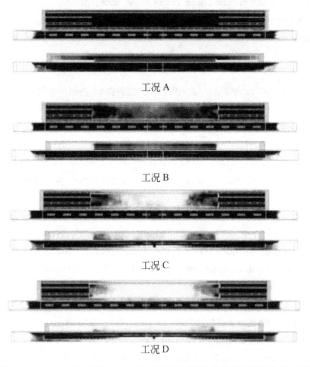

图 3.33 400s 时工况 A~D 烟气质量分数在地铁车站的分布图

的作用下，可进一步阻隔在站台防烟分区内。

图 3.33 给出了 400s 时工况 A~D 烟气质量分数在地铁车站的分布，从图中可以看出在地铁车站烟气控制系统开启之后，防火卷帘和挡烟垂壁对烟气控制系统的影响更加明显。当防火卷帘和挡烟垂壁不存在时，即使开启烟气控制系统，一段时间后站台层和站厅层也都充满了烟气；单独设置防火卷帘或挡烟垂壁后，尽管也有烟气进入站厅层，但烟气量明显减少；而当挡烟垂壁和防火卷帘同时设置后，站台层中庭内烟气量很少，且只有很少量的烟气上升到站厅层，大部分的烟气都被控制在隧道轨行区和站台两端部，这说明辅助烟气控制设施的设置可有效提高车站烟气控制系统的有效性，从而为火灾时人员疏散和消防救援提供更加有利的条件。

参考文献

[1] Drysdale D D, Macmillan A J R, Shilitto D. King's cross fire: Experimental verification of the 'trench effect'. Fire Safety Journal, 1992, 18(1): 75-82.

[2] 钟委. 地铁车站火灾烟气流动特性及控制方法研究. 合肥：中国科学技术大学，2007.

[3] Kurioka H, Oka Y, Satoha H, et al. Fire properties in near field of square fire source with longitudinal ventilation in tunnels. Fire Safety Journal, 2003, 38(4): 319-340.

[4] 胡隆华. 隧道火灾烟气蔓延的热物理特性研究. 合肥：中国科学技术大学，2006.

[5] 李立明. 隧道火灾烟气的温度特征与纵向通风控制研究. 合肥：中国科学技术大学，2012.

[6] 地铁设计规范. GB 50157—2003. 北京：中国计划出版社. 2003.

[7] Rie D H, Hwang M W, Kim S J, et al. A Study of Optimal Vent Mode for the Smoke Control of Subway Station Fire. Tunnelling and Underground Space Technology, 2006, 21(3/4): 300-301.

[8] 那艳玲. 地铁车站通风与火灾的 CFD 仿真模拟与实验研究. 天津：天津大学，2003.

[9] 那艳玲，涂光备，黄桂兴. 地铁火灾的盐水实验与计算机数值模拟. 天津大学学报，2006, 39(4): 480-485.

[10] 钟茂华，史聪灵，涂旭炜. 深埋地铁岛式站点火灾模型实验研究（1）-实验设计. 中国安全生产科学技术，2006, 2(1): 3-9.

[11] 史聪灵，钟茂华，涂旭炜. 深埋地铁岛式站点火灾模型实验研究（2）-列车火灾. 中国安全生产科学技术，2006, 2(2): 14-18.

[12] 史聪灵，钟茂华，涂旭炜. 深埋地铁岛式站点火灾模型实验研究（3）-站台火灾. 中国安全生产科学技术，2006, 2(3): 33-38.

[13] Ji J, Li K Y, Zhong W, et al. Experimental investigation on influence of smoke venting velocity and vent height on mechanical smoke exhaust efficiency. Journal of Hazardous Materials, 2010, 177(1/3): 209-215.

[14] Chen F L, Guo S C, Chuay H Y, et al. Smoke control of fires in subway station. Theoretical and Computational Fluid Dynamics, 2003, 16(5): 349-368.

[15] Choi B I, Oh C B, Kim M B, et al. A new design criterion of fire ventilation for the transversely ventilated tunnels. Tunnelling and Underground Space Technology, 2006, 21(3/4): 277-278.

[16] Yuan F D, You S J. CFD simulation and optimization of the ventilation for subway side-platform. Tunnelling and Underground Space Technology, 2007, 22(4): 474-482.

[17] Gao R, Li A G, Hao X P, Lei W J, et al. Fire-induced smoke control via hybrid ventilation in a huge transit terminal subway station. Energy and Buildings, 2012, (45): 280-289.

[18] Park W H, Kim D H, Chang H C. Numerical predictions of smoke movement in a subway station under ventilation. Tunnelling and Underground Space Technology, 2006, 21(3/4): 304.

[19] Meng N, Hu L H, Wu L, et al. Numerical study on the optimization of smoke ventilation mode at the con-

junction area between tunnel track and platform in emergency of a train fire at subway station, Tunnelling and Underground Space Technology. 2014, 40（1）: 151-159.

[20] Zhang W, Hamer A, Klassen M, et al. Turbulence statistics in a fire room model by large eddy simulation. Fire Safety Journal, 2002, 37（8）: 721-752.

[21] Hu L H, Tang F, Yang D, et al. Longitudinal distributions of CO concentration and difference with temperature field in a tunnel fire smoke flow. International Journal of Heat and Mass Transfer, 2010, 53（13/14）: 2844-2855.

[22] Lin C J, Chuah Y K. A study on long tunnel smoke extraction strategies by numerical simulation. Tunnelling and Underground Space Technology, 2008, 23（5）: 522-530.

[23] Roh J S, Ryou H S, Park W H, et al. CFD simulation and assessment of life safety in a subway train fire. Tunnelling and Underground Space Technology, 2009, 24（4）: 447-453.

[24] Purser D A. Toxicity assessment of combustion products. SFPE Handbook of Fire Protection Engineering, Quincy: Society of Fire Protection Engineers and National Fire Protection Association. Section 2. Chapter 6. 3rd ed. 2002, 2-83-168.

[25] Meng N, Hu L H. A numerical study on the effect of a fire shutter and smoke curtain on smoke ventilation in a fire disaster at a subway station, Advances in Civil Transportation & Environmental Engineering, 2013, 140: 183-188.

第 4 章

地铁站台火灾烟气流动特性及控制

地铁站台作为地铁站的一部分，与地面普通的建筑相比，站台结构狭长，长高比较大，见图 4.1。国内站台的长度一般在 100~140m，而站台的高度往往比较矮，一般在 5m 以下，因此地铁站台是典型的狭长受限空间[1]。站台环境相对密闭，一般只通过楼梯或自动扶梯与站厅层相连，另外站台还可通过屏蔽门与隧道连通。为了增加站台的蓄烟性能和站台排烟系统的排烟性能，站台往往设置有吊顶，并在楼梯口处设置有挡烟垂壁，见图 4.2。

图 4.1 地铁车站站台区实体图

(a) 实物图

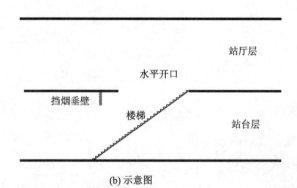
(b) 示意图

图 4.2 地铁车站楼梯口处挡烟垂壁设置图

站台火灾时，烟气在挡烟垂壁的作用下，会在站台顶棚下方积聚，并通过站台顶部的水平开口蔓延到站厅层。挡烟垂壁的高度不同时，站台顶棚下方积聚的烟气层厚度也不同，从而导致烟气与站台壁面之间的对流传热也不同，传热的不同又会影响烟气温度，因此挡烟垂壁会对站台顶棚下方烟气温度分布产生影响，目前这方面还没有相关的研究。

随着地铁的发展,屏蔽门系统随之引入,目前屏蔽门系统可分为全封闭式屏蔽门、全高安全门和半高安全门。屏蔽门的引入使得地铁车站空间结构发生了一定的改变,空间结构的改变又会对站台发生火灾时的烟气流动特性及控制产生一定的影响,目前关于屏蔽门设置形式对站台火灾时烟气控制系统排烟效率的影响开展的研究也还较少。

4.1 狭长空间温度衰减模型

普通尺寸房间火灾模拟常用的方法是双层区域模拟方法[2,3],这种方法通常把研究空间分为上下两个控制体,上层热烟气层和下层冷空气层,如图 4.3 所示,假设每个控制体内表征烟气特征参数的温度、密度等状态参数是不变的,上下层控制体仅通过烟气羽流进行物质和能量交换。

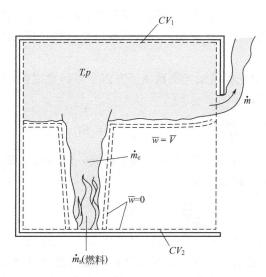

图 4.3 区域模型中控制体示意图

研究表明,对于普通室内火灾,上层热烟气和下层冷空气分层比较明显,并且烟气层内同一水平高度温差不大,因此普通室内火灾应用区域模拟的方法具有一定的可行性。

地铁站台作为狭长空间与普通尺寸房间在建筑结构上具有很大差别。地铁站台空间狭长,高温烟气在沿站台顶棚蔓延的过程中,将不断与周围环境发生热交换,导致其沿站台长度方向温度不断降低。由于高温烟气在蔓延过程中温降比较明显,因此,采用区域模拟对站台火灾的发展过程进行描述是不合适的。

针对狭长受限空间的烟气蔓延特性以及相应的烟气控制,现阶段已开展了大量的研究[4-11]。狭长受限空间发生火灾时,火灾烟气蔓延过程可分为 4 个阶段[12,13],如图 4.4 所示。

阶段Ⅰ是羽流上升撞击顶棚阶段,烟气羽流在浮力的驱动下向上运动至顶棚发生撞击,并在运动的过程中不断卷吸周围的冷空气,因此火羽流的质量流率不断增加。

阶段Ⅱ烟气羽流撞击顶棚后,将沿径向向四周自由蔓延。

阶段Ⅲ为烟气羽流由径向蔓延向一维蔓延的转化阶段。烟气羽流在侧壁的作用下由二维运动向一维运动过渡。

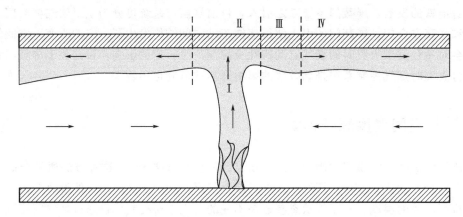

图 4.4 狭长受限空间火灾烟气的发展过程

阶段Ⅳ为一维水平运动阶段,形成上部热烟气和下部冷空气的分层运动。一维运动过程中,烟气层和冷空气之间存在速度剪切,在水平剪切力的作用下,部分冷空气会被卷吸进入烟气层中。

Delichatsios[14]最早研究火灾烟气在顶棚下方两个平行梁之间的蔓延,给出了顶棚下方烟气温度衰减的拟合关系式:

$$\frac{\Delta T}{\Delta T_0}\left(\frac{L_c}{H_0}\right)^{1/3}=0.49\exp\left\{-6.67St\frac{x}{H_0}\left(\frac{L_c}{H_0}\right)^{1/3}\right\} \quad (4.1)$$

Evers 等[15]对火灾烟气在走廊的蔓延开展了研究,只不过这部分烟气是从相邻腔室溢流过来的,研究得到了如下经验关系式:

$$\frac{\Delta T}{\Delta T_0}=K_1\exp(-K_2x) \quad (4.2)$$

中国科学技术大学胡隆华等[16-19]在实际隧道开展了一系列全尺寸实验,对 Delichatsios 提出的烟气温度衰减模型进行了验证。胡隆华等还通过理论分析得出了与式(4.2)类似的关系式,其中 $K_1=1$,K_2 与对流换热系数和辐射换热系数有关,K_2 的表达式如下所述。

对于矩形截面隧道:

$$K_2=\begin{cases}\dfrac{17.4\sqrt{u}(W+2h)+2h_r(W+h)}{c_p\rho uWh}\times10^{-3} & h<H \\ \dfrac{2(17.4\sqrt{u}+h_r)(W+H)}{c_p\rho uWH}\times10^{-3} & h=H\end{cases} \quad (4.3)$$

对于圆顶截面隧道:

$$K_2=\begin{cases}\dfrac{34.8\sqrt{u}R\arccos\dfrac{R-h}{R}+2h_r\left[R\arccos\dfrac{R-h}{R}+\sqrt{h(2R-h)}\right]}{c_p\rho u\left[R^2\arccos\dfrac{R-h}{R}-(R-h)\sqrt{h(2R-h)}\right]}\times10^{-3} & h<R \\ \dfrac{34.8\sqrt{u}R\pi+2h_rR(\pi+2)}{c_p\rho uR^2\pi}\times10^{-3} & h=R\end{cases}$$

(4.4)

中国科学技术大学的李立明等[20,21]考虑了隧道横截面宽高比这一因素,对隧道烟气温度衰减模型进行了修正,给出了自然通风条件下的温度预测模型,如式(4.5),研究还指出隧道横截面宽高比不同时，斯坦顿数也不同。

$$\frac{\Delta T}{\Delta T_{\text{ref}}} = \exp\left[-\frac{St(2\phi + 20.3\phi^{-1})}{H}(x - x_{\text{ref}})\right] \tag{4.5}$$

李立明还建立了纵向通风条件下的温度预测模型，见式(4.6)：

$$\frac{\Delta T}{\Delta T_{\max}} = \begin{cases} \exp\left[-0.0086\dfrac{x - x_{\max}}{d}\right] & 0 < \dfrac{x - x_{\max}}{d} \leqslant 50 \\ 3.5\left[\dfrac{x - x_{\max}}{d}\right]^{-0.43} & 50 < \dfrac{x - x_{\max}}{d} \end{cases} \tag{4.6}$$

其中：

$$d = \begin{cases} \dfrac{H}{2\phi + 20.3\phi^{-1}} & \text{矩形隧道} \\ \dfrac{W}{2 + 20.3(\phi - 0.11)^{-2}} & \text{圆顶隧道} \end{cases} \tag{4.7}$$

4.2 顶棚射流温度分布

4.2.1 理论分析

对于安装有全封闭式屏蔽门的地铁车站，当屏蔽门处于关闭状态时，站台公共区即可视为一狭长空间。狭长空间火灾烟气为一维蔓延阶段，烟气控制方程[14,17,21]为：

连续性方程：

$$\frac{\mathrm{d}\dot{m}}{\mathrm{d}x} = \rho_a w_e W \tag{4.8}$$

能量方程：

$$\frac{\mathrm{d}(c_p \dot{m} T)}{\mathrm{d}x} = c_p \rho_a w_e W T_a + \dot{q} \tag{4.9}$$

式中，$\dot{m}$ 是站台烟流的质量流率；ρ_a 为环境空气密度；c_p 是定压比热容；w_e 是水平卷吸系数；W 为站台宽度；T 为烟气温度；T_a 为环境温度；$\dot{q}$ 为站台烟气与站台壁面及环境的热交换功率。

为对以上方程进行简化，做如下假设：

(1) 站台烟气为不可压缩流体，烟气的密度、比热容等参数为常数；

(2) 忽略烟气与环境的辐射传热，烟流的热损失只考虑烟气与站台壁面的对流传热损失；

(3) 忽略烟流在流动过程中对空气的水平卷吸，即 $w_e = 0$；

(4) 站台顶棚的温度等于环境温度。

基于以上假设，上面控制方程可以进一步简化为：

$$\dot{m} = \dot{m}_0 \tag{4.10}$$

$$\frac{\mathrm{d}(c_p \dot{m} T)}{\mathrm{d}x} = -h_c L(T - T_a) \tag{4.11}$$

式中，L 为烟气流与侧壁和顶棚的接触长度。

将式(4.10)代入式(4.11),整理得到:

$$\frac{dT}{T-T_a} = -\frac{h_c L}{c_p \dot{m}_0} dx \tag{4.12}$$

对上式选取一参考点 x_0 进行积分,得到:

$$\int_{T_0}^{T} \frac{dT}{T-T_a} = \int_{x_0}^{x} -\frac{h_c L}{c_p \dot{m}_0} dx \tag{4.13}$$

$$\frac{\Delta T}{\Delta T_0} = \exp\left[-\frac{h_c L}{c_p \dot{m}_0}(x-x_0)\right] \tag{4.14}$$

根据式(4.14),烟气温度衰减系数 K 可以表示为:

$$K = \frac{h_c L}{c_p \dot{m}_0} \tag{4.15}$$

图4.5给出了安装有挡烟垂壁的站台火灾烟气蔓延的简化物理模型,并做如下进一步假设。

(1) 火灾烟气蔓延过程中烟气层厚度等于挡烟垂壁的厚度,因此烟气流与站台壁面的接触长度 L 表示为 $L = W + 2H$。

(2) 烟气层的质量流率等于 $Z = Z_0 - H$ 高度处通过火羽流进入烟气层的质量流率。根据Zukoski模型[22],高度 Z 处火羽流的质量流率为:

$$\dot{m}_0 = 0.21 \left(\frac{\rho_a g}{c_p T_a}\right)^{1/3} \dot{Q}^{1/3} Z^{5/3} \tag{4.16}$$

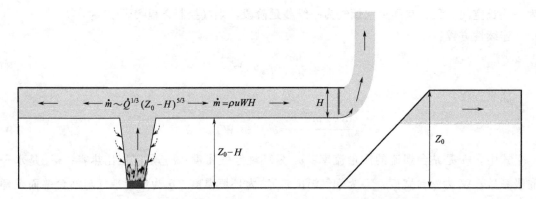

图4.5 站台顶棚下方烟气蔓延的简化物理模型

把 $Z = Z_0 - H$ 代入上式,得到:

$$\dot{m}_0 = 0.21 \left(\frac{\rho_a g}{c_p T_a}\right)^{1/3} \dot{Q}^{1/3} (Z_0 - H)^{5/3} \tag{4.17}$$

把式(4.17)代入式(4.15),得出:

$$K = \frac{h_c(W + 2H)}{c_p \left[0.21 \left(\frac{\rho_a g}{c_p T_a}\right)^{1/3} \dot{Q}^{1/3} (Z_0 - H)^{5/3}\right]} \tag{4.18}$$

进一步整理为:

$$K = \frac{h_c}{c_p^{2/3} 0.21 \left(\frac{\rho_a g}{T_a}\right)^{1/3}} \left(\frac{W + 2H}{\dot{Q}^{1/3}(Z_0 - H)^{5/3}}\right) \tag{4.19}$$

根据槽道流理论,Dittus-Boelter 公式[23]:

$$Nu \sim Re^{0.8} \tag{4.20}$$

$$Re = \frac{\rho u l}{\mu} \tag{4.21}$$

式中,l 为特征度。根据槽道流理论,l 可以定义为水力直径,表示为:

$$l = \frac{4A_c}{L} \tag{4.22}$$

式中,A_c 为流体的流动横截面积;L 为流体与站台壁面的接触周长。因此,本研究中 l 表示为:

$$l = \frac{4WH}{W+2H} \tag{4.23}$$

另外,由前面的假设可得:

$$\dot{m} = \rho u W H \tag{4.24}$$

$$\dot{m} \sim \dot{Q}^{1/3}(Z_0 - H)^{5/3} \tag{4.25}$$

把式(4.21)、式(4.23)、式(4.24) 和式(4.25) 代入式(4.20),得出:

$$Nu \sim \left[\frac{\dot{Q}^{1/3}(Z_0 - H)^{5/3}}{W+2H}\right]^{0.8} \tag{4.26}$$

由 Nu 的定义可得:

$$h_c \sim Nu \tag{4.27}$$

进一步整理式(4.26) 得:

$$h_c \sim \left[\frac{\dot{Q}^{1/3}(Z_0 - H)^{5/3}}{W+2H}\right]^{0.8} \tag{4.28}$$

根据式(4.19),可以推导出以下关系式:

$$K \sim \frac{(W+2H)^{1/5}}{\dot{Q}^{1/15}(Z_0 - H)^{1/3}} \tag{4.29}$$

4.2.2 实验设计

为了对以上理论分析进行验证,我们在小尺寸地铁车站烟气控制实验台站台区开展实验,见图 4.6。实验过程中屏蔽门处于全关闭状态。

(a) 站台局部图 (b) 水平开口和楼梯局部图

图 4.6 小尺寸地铁车站烟气控制实验台站台区

实验中火源位于站台纵向中心线，距挡烟垂壁水平距离4m处。在站台顶棚下方0.02m处布置一串水平热电偶，用于测量站台顶棚下方烟气温度，热电偶距火源的水平距离为0.4~4m，间距0.2m，一共19个测点，见图4.7。

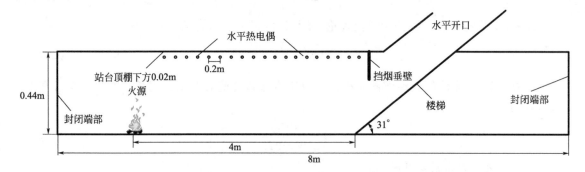

图4.7 站台火灾实验测点布置示意图

实验采用4种火源功率：3kW，4kW，5kW，6kW。楼梯口处挡烟垂壁有4种，无挡烟垂壁和高度为0.09m、0.14m和0.19m。0.09m、0.14m、0.19m高度的挡烟垂壁下沿距站台地面分别为0.35m、0.3m和0.25m。实验中通过改变火源功率和挡烟垂壁高度共进行了16组实验，具体实验工况见表4.1。

表4.1 小尺寸站台火灾实验工况

序号	H/m	Z_0-H/m	HRR/kW	K	R^2
1	—	0.44	3	0.57	0.99
2	—	0.44	4	0.52	0.99
3	—	0.44	5	0.49	0.99
4	—	0.44	6	0.46	0.99
5	0.09	0.35	3	0.55	0.99
6	0.09	0.35	4	0.52	0.99
7	0.09	0.35	5	0.50	0.99
8	0.09	0.35	6	0.48	0.99
9	0.14	0.3	3	0.58	0.99
10	0.14	0.3	4	0.54	0.99
11	0.14	0.3	5	0.50	0.99
12	0.14	0.3	6	0.49	0.99
13	0.19	0.25	3	0.59	0.99
14	0.19	0.25	4	0.54	0.99
15	0.19	0.25	5	0.51	0.99
16	0.19	0.25	6	0.49	0.99

4.2.3 实验结果与讨论

图 4.8 给出了火源功率为 4kW、5kW 和 6kW 时,无挡烟垂壁和挡烟垂壁高度不同时,站台顶棚下方烟气温度分布。从图中可以得出:①站台顶棚下方烟气温度分布趋势大致相同;②有挡烟垂壁时,顶棚下方烟气温度比无挡烟垂壁时低,且烟气温度随着挡烟垂壁高度的增加而降低,这种温度差随着火源功率的增加而愈加明显。

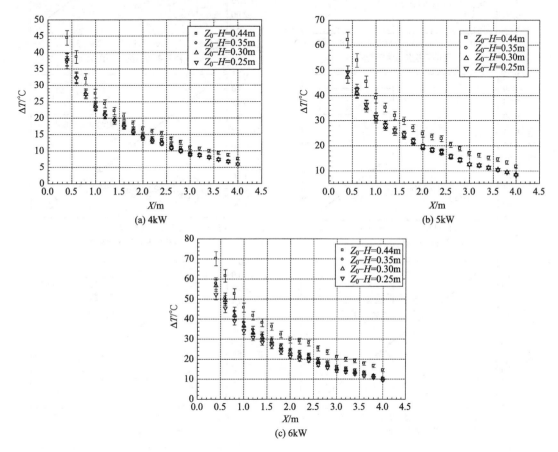

图 4.8 不同挡烟垂壁高度下站台顶棚烟气温度分布图

基于式(4.14),选取离火源最近点的温度作为参考温度,把站台顶棚下方烟气温度进一步处理为对数坐标下的归一化烟气温度。图 4.9 给出了不同挡烟垂壁高度和不同火源功率情况下归一化的烟气温度。表 4.1 给出了拟合的温度衰减指数 K 以及相应的相关系数 R^2。

图 4.10 为烟气温度衰减指数 K 与火源功率 $\dot{Q}$ 和挡烟垂壁高度 H 之间的关系图,从图中可以看出设置挡烟垂壁时,拟合斜率比较接近,说明两者之间具有很好的比例关系。无挡烟垂壁时,拟合斜率比有挡烟垂壁时略大,这与实际情况下即使没有挡烟垂壁的作用,站台顶棚下方烟气层也具有一定厚度有关,而在推导过程中无挡烟垂壁时烟气层厚度假设为零。

通过以上分析可以得出:站台顶棚下方烟气温度分布也遵循幂指数衰减规律,烟气温度衰减指数与火源功率和挡烟垂壁的高度有关,通过理论分析建立了烟气温度衰减指数与这两个因素之间的表征关系式,此表征关系式得到了实验数据的验证。

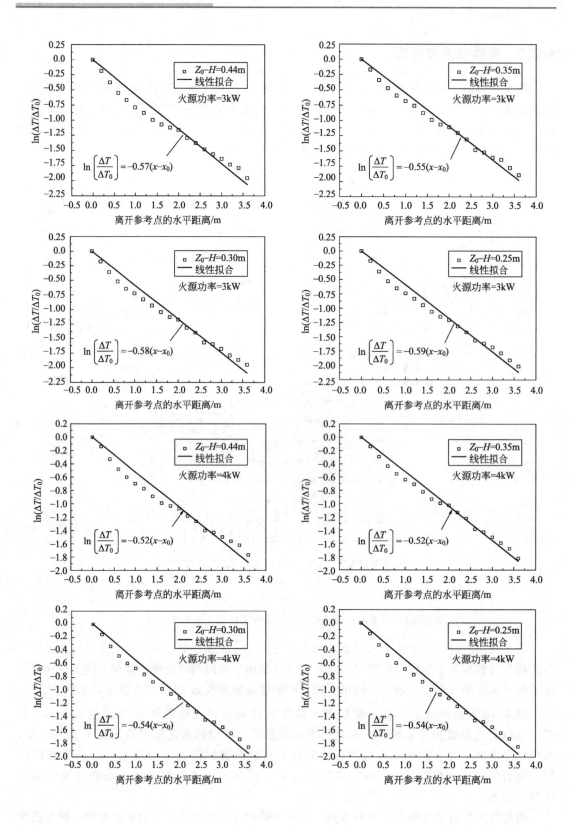

第4章 地铁站台火灾烟气流动特性及控制

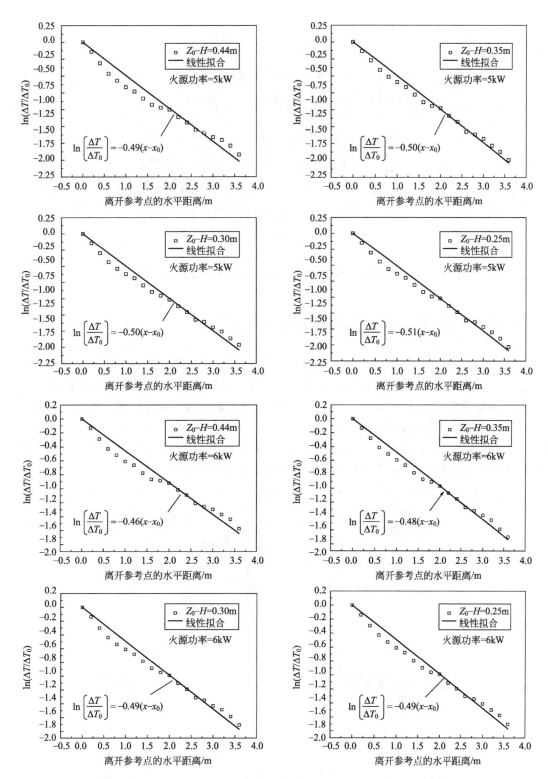

图 4.9 基于式(4.14)对数坐标下站台顶棚下方烟气的归一化温度

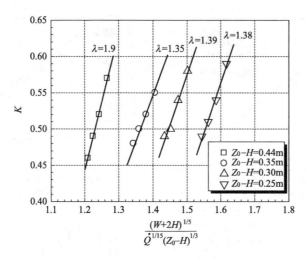

图 4.10 烟气温度衰减系数与火源功率和挡烟垂壁高度表征关系图

4.3 屏蔽门设置形式对机械排烟效果的影响

对于地铁车站的火灾烟气控制目前已开展了大量研究[24-28]，Park 等[24]通过数值模拟对地铁车站站台火灾开展评估，研究发现排烟系统的排烟量越大，烟气控制效果越好。Rie 等[25]利用数值模拟软件 FDS 研究地铁车站火灾时最优的排烟口布置模式，提出了一种应用于站台区域排烟的最优排烟口操作模式。

随着地铁的发展，屏蔽门系统随之引入。屏蔽门是指在站台上以玻璃幕墙的方式包围地铁站台与列车上落空间。列车到达时，再开启玻璃幕墙上电动门供乘客上下列车[29]。目前，屏蔽门主要有三种类型。①全封闭式屏蔽门，屏蔽门是全立面玻璃隔墙和活动门，沿车站站

(a) 全封闭式屏蔽门　　　　　　　　(b) 全高安全门

(c) 半高安全门　　　　　　　　(d) 无屏蔽门

图 4.11 屏蔽门类型

第4章 地铁站台火灾烟气流动特性及控制

台边缘和站台两端头设置,把站台乘客候车区与列车进站停靠区域分隔开,见图 4.11。这种形式的屏蔽门一般应用于地下车站。这种屏蔽门系统的主要功能是增加车站站台的安全性、节约能耗以及加强环境保护。②全高安全门是一道上不封顶的玻璃隔墙和滑动门或不锈钢篦笆门,属于半封闭型。其安装位置与全封闭式屏蔽门基本相同。这种类型的屏蔽门系统比全封闭式屏蔽门相对简单,高度比全封闭式屏蔽门低矮,一般超过人体高度,门体顶部距离站厅顶部之间有一段不封闭空间,空气可以通过屏蔽门上部流通,主要起隔离作用,保障站台候车乘客的安全[30]。③半高安全门,与全高安全门相似,门体的高度要低于全高安全门,一般不超过人体高度。另外一些建设比较早的地铁车站往往没有设置屏蔽门或者安全门,车站和隧道轨行区处于连通状态。

由于屏蔽门设置形式的不同,其存在对地铁站台火灾时的烟气控制也将产生一定的影响。孟娜等[31]通过数值模拟,研究不同屏蔽门设置形式下,地铁站台火灾机械排烟系统的排烟效果。

4.3.1 模拟设置

建立如图 4.12 所示的地铁车站模型,该车站为典型的岛式地铁车站,分为地下两层站厅层和站台层。地下一层为站厅层,尺寸为 120m×22m×4.5m(长×宽×高),地下二层为站台层,尺寸为 120m×12m×4.5m(长×宽×高),两层之间通过楼梯连接。楼梯口设有挡烟垂壁,作为辅助烟气控制设施。在站厅层四个角设有四个出口,处于开敞状态。

本模型中考虑的烟气控制系统有:①站台排烟系统,由位于站台顶棚下方的两列排烟系统组成;②隧道轨行区排烟系统,由位于隧道轨行区顶棚下方的排烟口组成;③站厅送风系统,通过站厅顶棚下方的进风口送风。站台排烟系统和站厅送风系统的风速设为 2m/s,隧道轨行区排烟系统的风速设为 1m/s。站台排烟系统和隧道轨行区排烟系统的排烟量分别为 21.12m³/s 和 60m³/s,站厅送风系统的送风量为 21.12m³/s。

数值模拟之前要开展网格收敛性分析,考虑车站设有全封闭式屏蔽门且无烟气控制系统

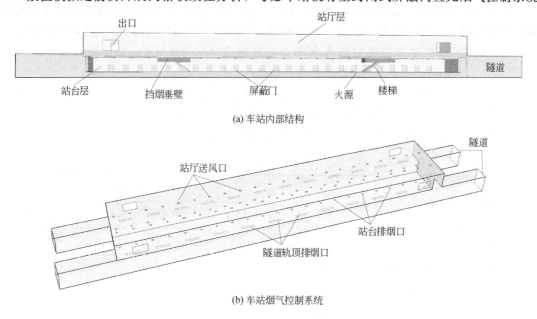

(a) 车站内部结构

(b) 车站烟气控制系统

图 4.12 地铁车站及烟气控制系统示意图

时的火灾场景。收敛性分析考虑四种网格尺寸,具体见表4.2。采用站台顶棚下方的温度开展收敛性分析,见图4.13。从图中可以看出,当网格尺寸设为b,c,d时,模拟结果呈现收敛性。鉴于一般网格越小,模拟结果越精确,模型选用网格尺寸d,火源区网格为0.125m×0.125m×0.125m,其他区域网格为0.25m×0.25m×0.25m。

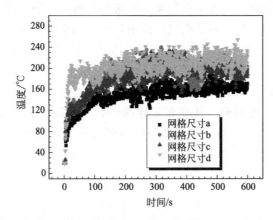

图4.13 网格收敛性分析

表4.2 网格收敛性分析

网格尺寸	火源区网格/m			火源区以外网格/m		
	δx	δy	δz	δx	δy	δz
a	0.5	0.5	0.5	0.5	0.5	0.5
b	0.25	0.25	0.25	0.5	0.5	0.5
c	0.25	0.25	0.25	0.25	0.25	0.25
d	0.125	0.125	0.125	0.25	0.25	0.25

考虑站台层火源的主要来源区域为:①报刊亭或者小商铺,报纸或者塑料品为主要可燃物;②垃圾箱,其内垃圾为可燃物。研究表明[32]当报刊亭或者小商铺着火时,其火源功率可达1.6MW。模拟考虑更恶劣的火灾场景,火源功率取为4MW,位于站台层一侧楼梯附近。

模拟考虑四种烟气控制模式,每种烟气控制模式考虑四个火灾场景,分别设置不同的屏蔽门模式,具体见表4.3。模型中,全高安全门时安全门高度为3m,半高安全门时安全门高度为1.5m。模拟时间设为360s,烟气控制系统的启动时间为60s。

表4.3 模拟工况

模拟工况	屏蔽门模式	屏蔽门开启状态	烟气控制系统		
			站台排烟系统	隧道轨行区排烟系统	站厅送风系统
1~4	全高安全门			√	
5~8	全封闭式屏蔽门	开启	√		
9~12	半高安全门		√	√	√
13~16	无	关闭	√	√	√

模型中地铁车站墙壁、地面以及顶棚设置为混凝土材料，站厅层四个出口以及隧道轨行区两端出口设置为开放边界条件。屏蔽门材料设置为玻璃。

站台层边界设有屏蔽门，分为四种模式：全封闭式屏蔽门、全高安全门、半高安全门以及无安全门形式。

4.3.2 模拟结果

下面通过分析能见度场、温度场以及流场研究烟气在地铁站的蔓延规律。下文图中坐标原点设在站台层中间位置，x 轴方向设在车站纵向方向，z 轴方向设在车站垂直高度方向，y 轴与 x 轴垂直。

图 4.14～图 4.17 给出了不同烟气控制模式以及屏蔽门设置情况下车站纵向中心截面能见度分布。从图中可以看出，当仅开启隧道轨行区烟气控制系统时，除设有全封闭式屏蔽门火灾场景[图 4.14(b)]，车站火灾烟气得到了很好的控制。由于全封闭式屏蔽门的存在，大部分烟气被阻隔在站台层，使得隧道轨行区排烟系统失效。各种屏蔽门设置情况下，当站台排烟系统开启时，车站烟气得到了很好的控制（图 4.15）。当站台排烟系统、隧道轨行区排烟系统以及站厅送风系统全部开启时，车站火灾烟气被控制在较高的高度（图 4.16）。图 4.17 中烟气控制系统的设置与图 4.16 相同，但屏蔽门关闭。从图 4.17 可以看出当车站设有全封闭式屏蔽门时，烟气控制系统失效。由于全封闭式屏蔽门的关闭，隧道轨行区和站台区完全隔离，站台层火灾烟气不能蔓延至隧道轨行区，使得隧道轨行区排烟系统失效。图 4.17(b) 还表明当全封闭式屏蔽门处于关闭状态时，站台排烟系统的排烟效率会降低。分析其原因，可能是由于此火灾场景下只能从站厅层补风。

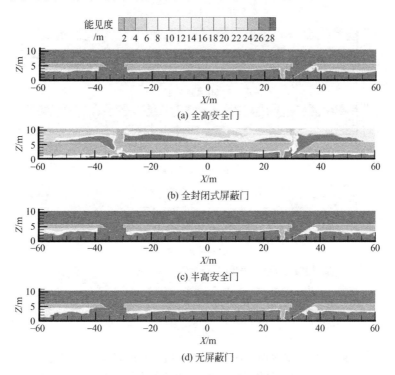

图 4.14 车站纵向中心截面能见度图（隧道轨行区排烟系统开启）

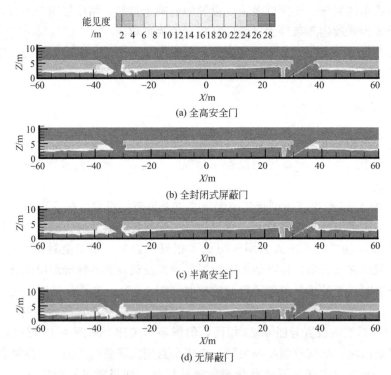

图 4.15 车站纵向中心截面能见度图（站台排烟系统开启）

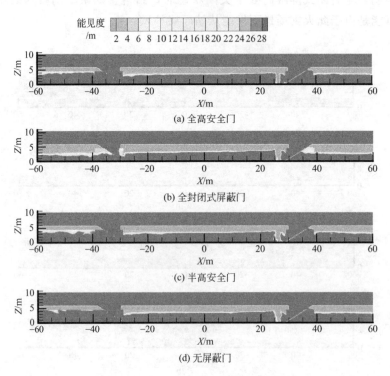

图 4.16 车站纵向中心截面能见度图（隧道轨行区排烟系统、站台排烟系统、站厅送风系统全部开启）

第4章 地铁站台火灾烟气流动特性及控制

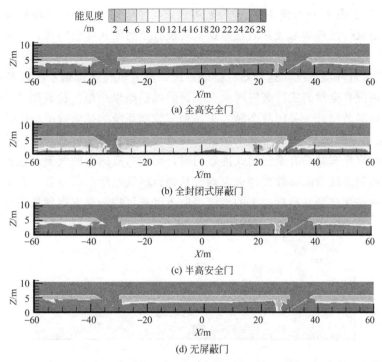

图 4.17 车站纵向中心截面能见度图（隧道轨行区排烟系统、站台排烟系统、站厅送风系统全部开启，屏蔽门处于关闭状态）

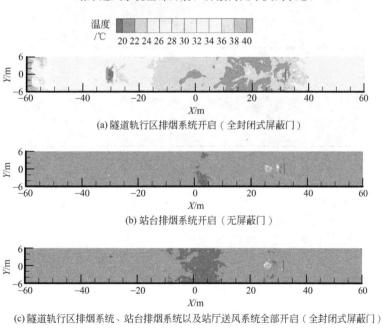

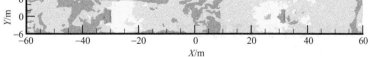

图 4.18 站台层 2m 高度处温度场

图4.18给出了图4.14~图4.17中最恶劣火灾场景下站台层2m高度处温度场分布。可以看出,当隧道轨行区排烟系统开启且地铁车站设有全封闭式屏蔽门时,站台层火灾烟气沉降至2m高度处[图4.18(a)]。当站台层排烟系统开启且车站没有设置屏蔽门时,站台层2m高度处温度接近环境温度,这和站台排烟系统、隧道轨行区排烟系统以及站厅送风系统全部开启且车站设有全封闭式屏蔽门时火灾场景的模拟结果相似。比较图4.18(c)~(d)发现,当全封闭式屏蔽门处于关闭状态时,车站烟气控制系统的排烟效率会降低。

图4.19给出了图4.18中对应火灾场景下疏散楼梯附近流场分布。可以看出,当隧道轨行区排烟系统开启且车站设有全封闭式屏蔽门时,楼梯口有向上的气流。也就是说,此火灾场景下,烟气控制系统没能有效控制火灾烟气从站台层到站厅层的蔓延。观察其他三种工况发现楼梯口有从站厅层到站台层向下的气流,向下气流可抑制火灾烟气从站台层到站厅层的蔓延。

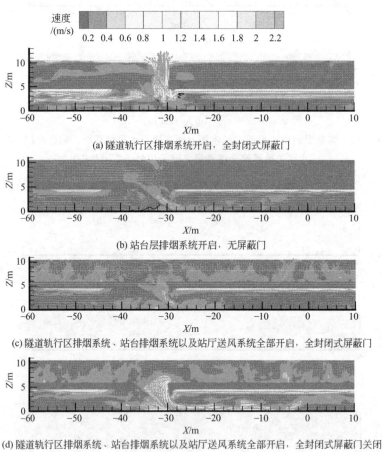

图4.19 疏散楼梯口附近流场

4.4 补气方式对机械排烟效果的影响

根据火灾排烟的"烟气置换"原理,地下建筑火灾在进行机械排烟时,应设置相应的补气系统。补气是机械排烟系统的重要组成部分,会影响机械排烟系统的排烟效果。地铁车站在站厅层、站台层、隧道轨行区设有多套烟气控制系统。站台发生火灾后，在排烟的同时如何设置补风，使达到优化的排烟效果，目前研究得还较少。

孟娜等[33]通过数值模拟，在站台火灾机械排烟系统不变的情况下，通过改变补气方式，研究补气方式对站台火灾机械排烟效果的影响。

4.4.1 模拟设置

地铁车站由两层组成，见图4.20。地下一层为站厅层，尺寸为120m(长)×22m(宽)×4.5m(高)，地下二层为站台层，尺寸为120m(长)×12m(宽)×4.5m(高)。站台两侧为隧道轨行区，尺寸为160m(长)×5m(宽)×6m(高)。站台边缘设有屏蔽门系统，门开口大小为2.2m(宽)×2.2m(高)，站台每侧边缘设有25个门。当屏蔽门处于关闭状态时，隧道轨行区和站台区被完全隔离。站台层和站厅层通过楼梯连接。楼梯口设有挡烟垂壁作为辅助烟气控制设施。站厅层四个角处设有四个出口，出口大小为5m(宽)×3m(高)。模型中考虑的烟气控制系统有：站台排烟系统和站台送风系统。站台排烟系统由位于站台顶棚下方的两列排烟口组成；站台送风系统由位于站台顶棚下方的一系列送风口组成，见图4.20。站台排烟系统和送风系统分别在火灾发生后的30s和60s启动。

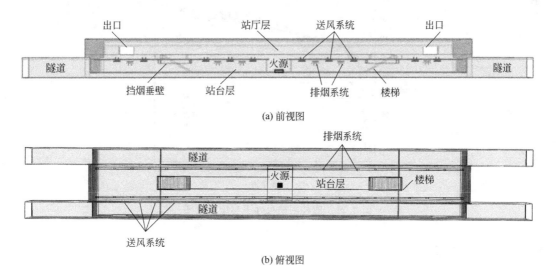

(a) 前视图

(b) 俯视图

图4.20 地铁车站及烟气控制系统示意图

模型中火源大小为4MW，位于站台层两个楼梯间。车站墙壁、地面、顶棚材料都设置为混凝土。站厅层四个出口以及隧道两端开口设为自然开敞状态。

模拟考虑四种补气方式(表4.4)：①无机械补风，站厅层自然补风；②开启站厅层机械补风系统；③站厅层和单侧隧道自然补风；④站厅层和双侧隧道自然补风。

数值模拟前要开展网格收敛性测试。网格收敛性测试选取关闭烟气控制系统且屏蔽门处于关闭状态的火灾场景，以获得更大的温度梯度。具体网格设置见表4.5，火源附近采取加密网格的方式。图4.21给出了四种网格尺寸下站台顶棚下方温度随时间的变化，可以看出当网格尺寸为c和d时，模拟结果呈现收敛状态。为了节省数值模拟时间，选取网格尺寸c。

表 4.4 补气方式

工况	补气模式
1	无机械补风,站厅层自然补风
2	机械补风,站厅层机械补风
3	无机械补风,站厅层和单侧隧道补风
4	无机械补风,站厅层和双侧隧道补风

表 4.5 网格收敛性分析

网格尺寸	火源区网格/m			火源区以外网格/m		
	δx	δy	δz	δx	δy	δz
a	0.5	0.5	0.5	1.0	1.0	1.0
b	0.25	0.25	0.25	0.5	0.5	0.5
c	0.125	0.125	0.125	0.25	0.25	0.25
d	0.1	0.1	0.1	0.2	0.2	0.2

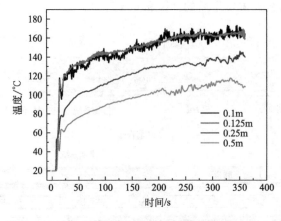

图 4.21 四种网格尺寸下温度时间图

4.4.2 模拟结果

由于热空气的运动和火灾时烟气的运动非常相似,因此选取地铁车站中心截面的温度分布来表征火灾烟气在地铁车站的蔓延情况。能见度是火灾时影响人员疏散的一个重要参数,因此选取站台层 2m 高度处能见度分布研究补气方式对机械排烟系统的影响。

从图 4.22 可以看出,当无机械补风仅从站厅层自然补风时,烟气基本都被控制在站台层,而对于其他工况仍有少量烟气通过楼梯口进入站厅层。由于排烟系统的开启,在机械排烟的作用下,站台层和站厅层产生压差,压差驱使气流从站厅层通过楼梯流入站台层。这种向下的气流,如果流速足够大,可以阻挡站台层烟气往站厅层的蔓延。在工况 1 中,机械送风系统关闭且屏蔽门处于关闭状态,因此站厅层自然补风的气流就可以抑制火灾烟气向上蔓延。而对于工况 2、工况 3 和工况 4,由于机械补风系统的开启或者屏蔽门的开启,空气由机械补风系统补入或者连接隧道补入,因此站台层和站厅层的压差减小,使得站厅层流入站台层的气流流速降低,导致部分火灾烟气从站台层向上蔓延至站厅层。

图 4.22 同时表明站台烟气层高度也受补风方式的影响。工况 1 中，由于补入气流流向火源，补入气流的方向和烟气蔓延的方向相反，从而加大烟气和空气交界面的混合。工况 1 中，在站台两端，由于补风不良，烟气积聚与空气掺混，从而加速了烟气沉降。当站台机械补风系统开启后，补入的强迫气流驱使烟气向下运动，加速了烟气和空气的掺混，使得烟气快速往站台地面沉降。因此，站台火灾发生后，站台机械补风系统应该关掉。工况 3 和工况 4 中，由于屏蔽门的开启，补风空气从与站台相连的隧道轨行区补入，补风得到了很大的完善。对比工况 3、工况 4 和工况 1，工况 3 和工况 4 站台层烟气沉降减缓。对比工况 3 和工况 4，工况 4 中空气从站台两侧隧道轨行区补入，因此，补风方式较工况 3 得到了进一步的改善。因此工况 4 中站台层两端的烟气层高度要稍微高一些。以上分析表明，站台火灾发生时，较好的补气方式可以提高机械排烟系统的排烟效率。

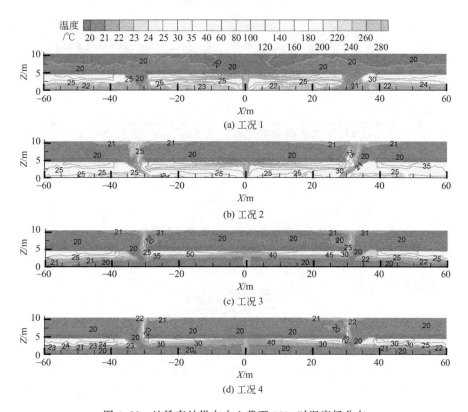

图 4.22　地铁车站纵向中心截面 360s 时温度场分布

图 4.23 给出了站台层 2m 高度处火灾发生 360s 时的能见度分布。可以看出当仅通过楼梯口补风时（工况 1），两侧楼梯之间的能见度大于 10m，而站台两端的能见度要低于 10m。这表明当仅通过站厅层补风时，站台两端烟气沉降无法得到有效的控制，降低了机械排烟系统的排烟效率。当机械送风系统开启（工况 2），站台层 2m 高度处能见度非常低，即使在火源处能见度也非常低。而对于工况 3 和工况 4，屏蔽门处于打开状态时，站台层能见度明显提高，这表明当从隧道轨行区补风时，烟气层沉降速度减慢，站台层大部分区域烟气层高度均在 2m 以上。

基于以上对温度场和能见度场分布分析，得出以下结论：站台火灾发生时，打开屏蔽门系统可以改善补风条件，从而提高机械排烟系统的排烟效率。

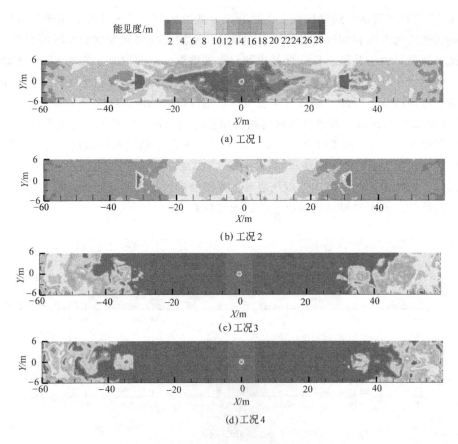

图 4.23 站台层 360s 时 2m 高度处能见度分布

参考文献

[1] 钟委. 地铁站火灾烟气流动特性及控制方法研究. 合肥：中国科学技术大学, 2007.

[2] Jones W W, Forney G P, Peacock R D, et al. A technical reference for CFAST: An engineering tool for estimating fire and smoke transport. Building and Fire Research Laboratory, National Institute of Standards and Technology (NIST), 2000.

[3] Quintiere J G. Compartment Fire Modeling. SFPE Handbook of Fire Protection Engineering, Quincy: Society of Fire Protection Engineers and National Fire Protection Association. Section 3. Chapter 5. 3rd ed. 2002, 3-162-165.

[4] Kim M B, Han Y S, Yoon M O. Laser-assisted visualization and measurement of corridor smoke spread. Fire Safety Journal, 1998, 31 (3): 239-251.

[5] Hu L H, Fong N K, Yang L Z, et al. Modeling fire-induced smoke spread and carbon monoxide transportation in a long channel: Fire Dynamics Simulator comparisons with measured data. Journal of Hazardous Materials, 2007, 140 (1/2): 293-298.

[6] Oka Y, Atkinson G T. Control of Smoke Flow in Tunnel Fires. Fire Safety Journal, 1995, 25 (4): 305-322.

[7] Kunsch J P. Simple model for control of fire gases in a ventilated tunnel. Fire Safety Journal, 2002, 37 (1): 67-81.

[8] Wu Y, Bakar M Z A. Control of smoke flow in tunnel fires using longitudinal ventilation systems-a study of

the critical velocity. Fire Safety Journal, 2002, 35（4）: 363-390.

[9] Atkinson G T, Wu Y. Smoke Control in Sloping Tunnels（Short Communication）. Fire Safety Journal, 2006, 27（4）: 335-341.

[10] Hu L H, Peng W, Huo R. Critical wind velocity for arresting upwind gas and smoke dispersion induced by near-wall fire in a road tunnel. Journal of Hazardous Materials, 2008, 150（1）: 68-75.

[11] Li L M, Cheng X D, Cui Y, et al. Effect of blockage ratio on critical velocity in tunnel fires. Journal of Fire Sciences, 2012, 30（5）: 413-427.

[12] Kunsch J P. Critical velocity and range of a fire-gas plume in a ventilated tunnel. Atmospheric Environment, 1999, 33（1）: 13-24.

[13] Hu L H, Huo R, Wang H B, et al. Experimental and numerical studies on longitudinal smoke temperature distribution upstream and downstream from the fire in a road tunnel. Journal of Fire Sciences, 2007, 25（1）: 23-43.

[14] Delichatsios M A. The flow of fire gases under a beamed ceiling. Combustion and Flame, 1981, （43）: 1-10.

[15] He Y P. Smoke temperature and velocity decays along corridors. Fire Safety Journal, 1999, 33（1）: 71-74.

[16] Hu L H, Huo R, Li Y Z, et al. Full-scale burning tests on studying smoke temperature and velocity along a corridor. Tunnelling and Underground Space Technology, 2005, 20（3）: 223-229.

[17] 胡隆华. 隧道火灾烟气蔓延的热物理特性研究. 合肥: 中国科学技术大学, 2006.

[18] Hu L H, Huo R, Wang H B, et al. Experimental studies on fire-induced buoyant smoke temperature distribution along tunnel ceiling. Building and Environment, 2007, 42（11）: 3905-3915.

[19] Hu L H, Huo R, Chow W K. Studies on buoyancy-driven back-layering flow in tunnel fires. Experimental Thermal and Fluid Science, 2008, 32（8）: 1468-1483.

[20] Li L M, Cheng X D, Wang X G, et al. Temperature distribution of fire-induced flow along tunnels under natural ventilation. Journal of Fire Sciences, 2012, 30（2）: 122-137.

[21] 李立明. 隧道火灾烟气的温度特征与纵向通风控制研究. 合肥: 中国科学技术大学, 2012.

[22] Zukoski E E, Kubota T, Cetegen B. Entrainment in Fire Plumes. Fire Safety Journal, 1980, 3（3）: 107-121.

[23] 杨世铭, 陶文铨. 传热学. 第3版. 北京: 高等教育出版社, 1998.

[24] Park W H, Kim D H, Chang H C, Numerical predictions of smoke movement in a subway station under ventilation. Tunnelling and Underground Space Technology, 2006, 21（3-4）: 304.

[25] Rie D H, Hwang M W, Kim S J, et al. A study of optimal vent mode for the smoke control of subway station fire. Tunnelling and Underground Space Technology, 2005, 21（3-4）: 300-301.

[26] Giachetti B, Couton D, Plourde F. Smoke spreading analysis from an experimental subway scale model. Fire Safety Journal, 2016, 86: 75-82.

[27] Giachetti B, Couton D, Plourde F. Smoke spreading analyses in a subway fire scale model. Tunnelling and Underground Space Technology, 2017, 70: 233-239.

[28] Hu L H, Wu L, Lu K H, et al. Optimization of emergency ventilation mode for a train on fire stopping beside platform of a metro station. Building Simulation, 2014, 7（2）: 137-146.

[29] 左忠义, 韩萍, 曹弋. 城市轨道运营管理概论. 北京: 北京交通大学出版社, 2015.

[30] 吴晓, 邱欣, 施俊庆. 交通运输设备. 北京: 人民交通出版社股份有限公司, 2015.

[31] Meng N, Jin X N, Wang Y, et al. Study on the Effect of Platform Screen Door of Different Types on Smoke Control of Platform Fire at a Subway Station, AOSFST 2018: The Proceedings of 11th Asia-Oceania Symposium on Fire Science and Technology pp 127-139.

[32] 钟委, 霍然, 王浩波, 地铁火灾场景设计的初步研究. 安全与环境学报, 2006, 6（3）: 32-34.

[33] Meng N, Hu L H, Yang L Z, et al. Numerical Study on the Influence of Air Supply Mode on the Efficiency of Mechanical Smoke Extraction System for Platform Fire at Subway Station, 9th Asia-Pacific Conference on Combustion, Gyeongju, Korea, 2013, 5. 19-5. 22.

第5章

障碍物作用下隧道火灾烟气流动特性

隧道火灾发生后,隧道内往往滞留有车辆,构成车辆障碍物。由于阻塞车辆的存在,隧道纵向排烟风速在局部会增大,并在车辆后方形成明显的涡旋[1],见图 5.1。车辆的阻塞效应对火羽流形态、烟气温度、烟气逆流行为特征参数等都将产生影响。近年来,国内外学者开展了纵向排烟下车辆障碍物阻塞效应对隧道火灾烟气输运与控制的影响。李立明等[1]考虑了车辆阻塞效应对最高温度的影响,对 Kurioka 模型进行了修正。胡隆华等[2]最近开展的研究表明,隧道火灾最高温度不仅受障碍物阻塞比的影响,同时也与障碍物与火源之间的距离有关。Kang 等[3]对隧道内临界风速进行计算时提出以局部水力直径作为特征长度,另外,Kang 的研究还考虑了列车模型上游和下游存在其他障碍物的火灾场景,发现障碍物的存在会导致临界风速增大。Lee 等[4]的研究表明,隧道内存在列车障碍物时,临界风速的变化还与障碍物和火源的相对位置有关。Tang 等[5]通过在火源上游放置障碍物研究临界风速,发现障碍物与火源之间的距离对临界风速也会产生影响。

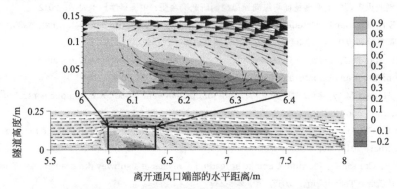

图 5.1　障碍物阻塞效应对隧道内纵向排烟流场的影响[1]（$\phi=0.23$）

尽管国内外学者对障碍物阻塞作用下的隧道火灾烟气流动特性开展了一系列研究,但是对障碍物阻塞比对烟气逆流行为、障碍物诱导尾流作用下的火羽流行为以及障碍物阻塞作用下的烟气层厚度,国内外研究还较少。

5.1　障碍物作用下烟气逆流长度演化特征

Thomas[6]对烟气逆流长度开展了早期研究,基于 Fr 数提出了烟气逆流长度的表达式为:

$$l^* = \frac{L}{H} \propto \frac{gH\dot{Q}}{\rho_0 c_p T_f V^3 A} \tag{5.1}$$

Li 等[7]基于无量纲分析和小尺寸模拟实验,提出了隧道内无车辆障碍物时的烟气逆流长度预测表达式[式(5.2)]。从式中可以看出,当无量纲火源功率小于 0.15 时,烟气逆流长度由无量纲火源功率和无量纲通风风速决定;而当无量纲火源功率大于 0.15 时,烟气逆流长度不再受无量纲火源功率的影响,仅取决于无量纲通风风速。

$$l^* = \begin{cases} 18.5\ln(0.81\dot{Q}^{*1/3}/v^*) & \dot{Q}^* \leqslant 0.15 \\ 18.5\ln(0.43/v^*) & \dot{Q}^* > 0.15 \end{cases} \quad (5.2)$$

中国科学技术大学胡隆华等[8]研究了纵向通风和横向集中排烟协同作用下的烟气逆流长度,通过理论分析对火源热释放速率进行了修正,同时修正了集中排烟诱导下作用于上下游纵向通风气流的风速。Weng 等[9]研究了隧道横截面尺寸对烟气逆流长度的影响,研究发现基于 Li 模型[7]的烟气逆流长度小于数值模拟预测值。

5.1.1 实验设计

在如图 5.2 所示的缩尺寸隧道实验台开展实验,实验台大小为 72m×1.5m×1.3m。隧道实验台一端开敞,一端安装有机械风机用于产生纵向通风。

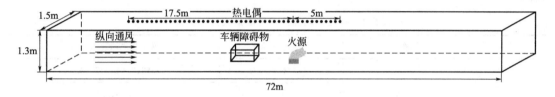

图 5.2 小尺寸模型隧道及实验布置示意图

实验过程中采用长方体模拟车辆障碍物,置于火源上游 4m 处,实验过程中通过改变障碍物横截面面积改变其阻塞比,共考虑了五种障碍物阻塞比。模型车辆障碍物横截面设置见图 5.3。

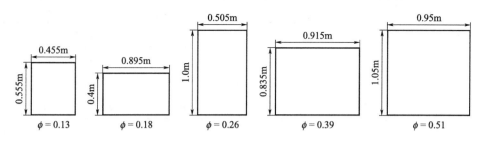

图 5.3 车辆障碍物截面示意图

实验采用液化石油气作为燃料,以获取稳定火源并减少对实验台的污染。火源系统由液化气罐、气压计、流量计和多孔燃烧器等组成。实验过程中通过流量计控制液化石油气的流量,从而间接控制火源功率。多孔燃烧器置于隧道纵向中心线位置。

实验过程中在隧道顶棚下方布置一系列 K 型铠装热电偶用于测量烟气温度。热电偶布置于火源上游 17.5m 和火源下游 5m 距离处,热电偶间距为 0.5m。热电偶温升用于判定烟气逆流长度,见图 5.4。当热电偶 A 与热电偶 B 相比,温升有明显变化时即认为逆流烟气到

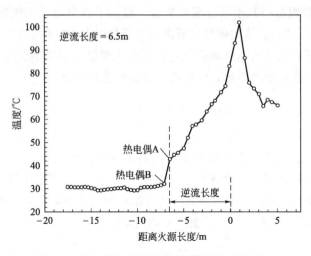

图 5.4　存在烟气逆流时隧道顶棚下方温度分布

达热电偶 A 处。

实验过程中改变的参数有火源功率、纵向通风风速、障碍物阻塞比。具体实验工况见表 5.1。

表 5.1　存在车辆障碍物的隧道火灾工况设计

序号	阻塞比	火源功率/kW	纵向通风风速/(m/s)
1～4		40.8	0.48,0.64,0.71,0.78
5～8	无障碍物	56.1	0.39,0.48,0.78,0.88
9～12		66.3	0.48,0.64,0.78,0.92
13～17		40.8	0.39,0.48,0.55,0.64,0.71
18～23	0.13	56.1	0.39,0.48,0.55,0.64,0.78,0.84
24～28		66.3	0.39,0.48,0.55,0.64,0.78
29～33		40.8	0.39,0.48,0.55,0.64,0.78
34～38	0.18	56.1	0.39,0.48,0.55,0.64,0.78
39～43		66.3	0.39,0.48,0.55,0.64,0.78
44～48		40.8	0.31,0.39,0.48,0.55,0.64,
49～53	0.26	56.1	0.39,0.48,0.55,0.64,0.78
54～59		66.3	0.39,0.48,0.55,0.64,0.78,0.88
60～64		40.8	0.39,0.48,0.55,0.64,0.78
65～69	0.39	56.1	0.39,0.48,0.55,0.64,0.78
70～75		66.3	0.39,0.48,0.55,0.64,0.78,0.92
76～80		40.8	0.39,0.48,0.55,0.64,0.78
81～85	0.51	56.1	0.39,0.48,0.55,0.64,0.78
86～92		66.3	0.39,0.48,0.55,0.64,0.78,0.88,0.92

5.1.2 障碍物阻塞比对烟气逆流长度的影响

图5.5给出了隧道内无障碍物时烟气逆流长度实验值和Li模型[7]预测值对比。可以看出实验值和模型值吻合得较好，Li模型可以很好地预测隧道内无障碍物时的烟气逆流长度。

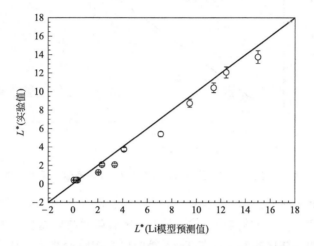

图5.5 无障碍物时烟气逆流长度实验值和Li模型预测值对比

图5.6给出了不同障碍物阻塞比情况下，烟气逆流长度随纵向通风风速的变化。可以看出：①烟气逆流长度整体随纵向通风风速的增大而减小；②烟气逆流长度受障碍物阻塞比影响较大，障碍物阻塞比越大，烟气逆流长度越小，且障碍物阻塞比越小，烟气逆流长度随纵向通风风速的变化越明显。

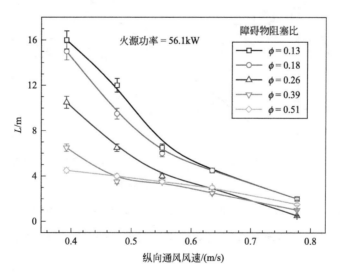

图5.6 典型烟气逆流长度随纵向通风风速变化图

隧道内存在车辆障碍物时的烟气逆流长度和经典Li模型[7]（隧道内无障碍物）预测值对比见图5.7。可以看出：①烟气逆流长度实验值低于Li模型预测值，也就是说火源上游障碍物的存在会降低隧道火灾烟气逆流长度；②两者之间的差值随着障碍物阻塞比的增大而增大。

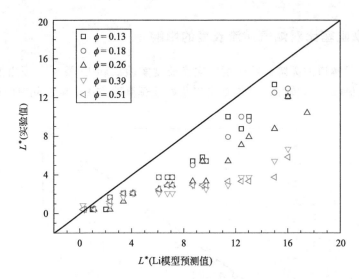

图 5.7 烟气逆流长度实验值（有障碍物）和 Li 模型值（无障碍物）对比

图 5.8 对比了烟气逆流长度（有障碍物）和 Tang 模型[5]预测值，可以看出：①烟气逆流长度实验值低于 Tang 模型预测值；②这种差距随着障碍物阻塞比的增大而增大，分析其原因，可能是障碍物阻塞比的差异，在 Tang 等的研究中障碍物阻塞比约为 0.1，小于本模型中障碍物阻塞比。

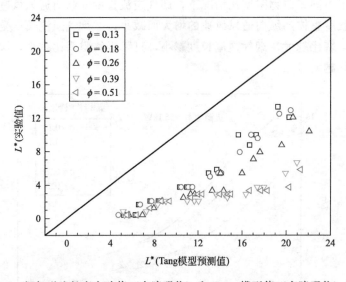

图 5.8 烟气逆流长度实验值（有障碍物）和 Tang 模型值（有障碍物）对比

式(5.3)给出了烟气逆流长度的预测模型，该模型包含了障碍物影响因子，具体方程如下：

$$l^* = \begin{cases} [16.12+\ln(4.689(1-\phi)-3.436)]\ln(\dot{Q}^{*1/3}/v^*)-3.5(1-\phi)-1.512 & \phi<0.39 \\ [8.5(1-\phi)+0.525]\ln(\dot{Q}^{*1/3}/v^*)-5.167(1-\phi)+2.192 & \phi\geqslant 0.39 \end{cases}$$
(5.3)

图 5.9 对比了烟气逆流长度实验值和模型预测值，可见修正后的烟气逆流长度预测模型能够很好地预测隧道内存在障碍物时的烟气逆流长度。

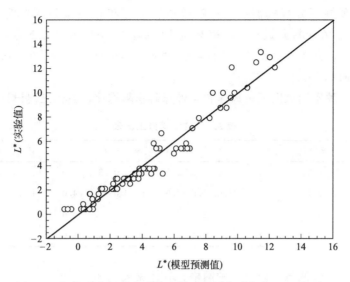

图 5.9　烟气逆流长度实验值和模型预测值［公式(5.3)］对比

5.2　障碍物诱导尾流作用下火羽流行为

5.2.1　模型设置

采用火灾动力学软件 FDS 开展数值模拟,如图 5.10 所示。模拟隧道长 100m,宽 5m,高 5m。模拟采用丙烷气体火源,火源大小为 5MW,火源尺寸为长 1m,宽 1m,高 0.5m。模拟障碍物位于火源上游,障碍物、火源之间的水平距离为 5m。障碍物长度为 10m,横截面宽度为 4m,高度在 1.5～4.5m 范围变化。定义障碍物阻塞比为障碍物横截面积与隧道横截面积的比值。研究考虑四种障碍物阻塞比,变化范围在 0.24～0.72 之间。隧道一端设有纵向通风,另一端设为开敞边界条件。

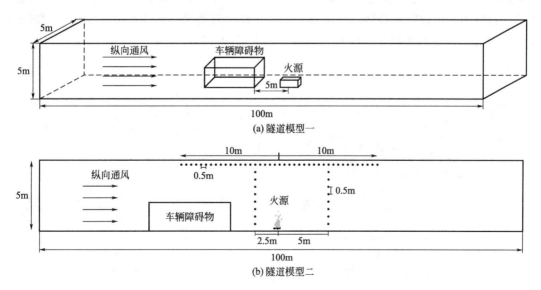

图 5.10　障碍物诱导尾流作用下隧道火灾模拟示意图

为研究隧道顶棚下方烟气温度，在隧道顶棚下方布置一系列热电偶，热电偶间距为0.5m，见图5.10。在火源附近布置两串竖向热电偶，一串位于火源下游5m位置处，一串位于火源上游2.5m位置处。竖向热电偶串包含9个热电偶，间距为0.5m，最低测点处热电偶距离隧道地面0.75m。

模拟考虑了7种不同纵向通风风速和4种障碍物阻塞比，具体工况设计见表5.2。

表5.2 数值模拟工况表

序号	阻塞比	纵向通风风速/(m/s)	火源功率/MW
1	0.24	1.0 1.5 2.0 2.5 3.0 3.5 4.0	5
2	0.40	1.0 1.5 2.0 2.5 3.0 3.5 4.0	5
3	0.56	1.0 1.5 2.0 2.5 3.0 3.5 4.0	5
4	0.72	1.0 1.5 2.0 2.5 3.0 3.5 4.0	5

为进行网格收敛性测试，设置四种网格，具体见表5.3。

表5.3 网格收敛性测试

网格	近火源区网格尺寸	其他区域网格尺寸	$D^*/\delta x$
A	0.5m×0.5m×0.5m	0.5m×0.5m×0.5m	3.65
B	0.25m×0.25m×0.25m	0.25m×0.25m×0.25m	7.3
C	0.125m×0.125m×0.125m	0.25m×0.25m×0.25m	7.3~14.6
D	0.125m×0.125m×0.125m	0.125m×0.125m×0.125m	14.6

图5.11给出了隧道顶棚下方火源上游3m和火源下游30m位置处温度图。可以看出四种网格尺寸下火源下游30m位置处温度差别不大，而对于火源上游3m位置处，网格尺寸为A时，计算结果与其他三种网格尺寸时差别较大。网格尺寸设置为C或D时，模拟结果非常接近，而网格尺寸设置为B时模拟结果相对小一些。结合考虑计算时长，选取网格尺寸C开展数值模拟计算。具体网格设置为：近火源区网格尺寸大小为0.125m×0.125m×0.125m，远火源区网格尺寸大小为0.25m×0.25m×0.25m。

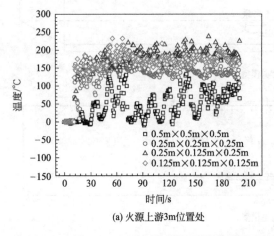

(a) 火源上游3m位置处

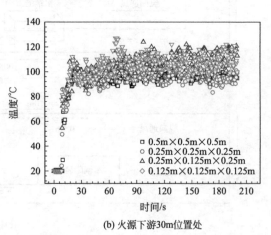

(b) 火源下游30m位置处

图5.11 四种网格设置下隧道顶棚下方烟气温度对比图（$\phi=0.24$，$u=2.0$m/s）

5.2.2 隧道内流场

鉴于隧道内同时存在障碍物和火源时其流场会非常复杂，以下分析仅考虑纵向通风隧道存在障碍物情况下的通风流场。图 5.12 给出了四种障碍物阻塞比和纵向通风风速为 3.5m/s 时障碍物下游的流场。从图中可以看出，纵向强迫气流流经障碍物后会局部加速，并在障碍物后方形成尾流。尾流区域会有涡旋结构，涡旋区域内流场流速与障碍物下游其他区域相比会小一些。此外涡旋的长度随着障碍物阻塞比的增大而增大。当障碍物阻塞比为 0.24 时，涡旋区域位于火源上游位置处；而当障碍物阻塞比为 0.40 时，涡旋区域到达火源位置处；

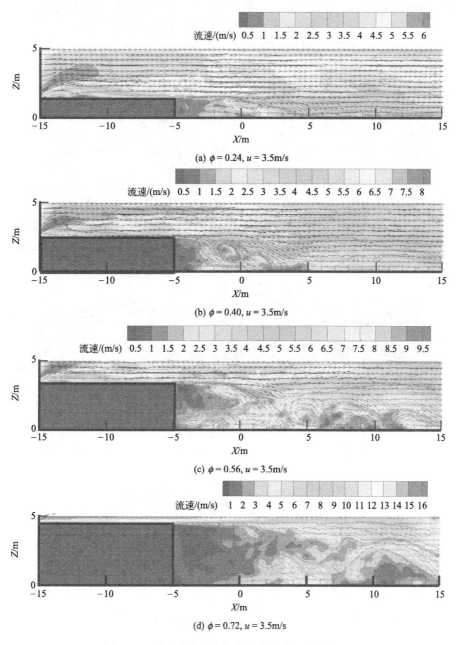

图 5.12　隧道内存在车辆障碍物时的通风流场图

当障碍物阻塞比增大到 0.56 时，尾流影响区域到达火源下游 5m 位置处；而当障碍物阻塞比增大到 0.72 时，尾流影响区域更大。研究还发现，随着障碍物阻塞比的增大，尾流结构更加复杂。根据 Olvera 等的研究[10]，涡洞的长度受火羽流诱导的浮力的影响会变短。因此，本研究中，当火源存在时障碍物下游尾流影响区域会变小。

5.2.3 火羽流特点

图 5.13～图 5.16 给出了近火源区温度场分布，可以看出随着纵向通风风速和障碍物阻塞比的增大，火焰倾斜状态历经如下五个阶段：

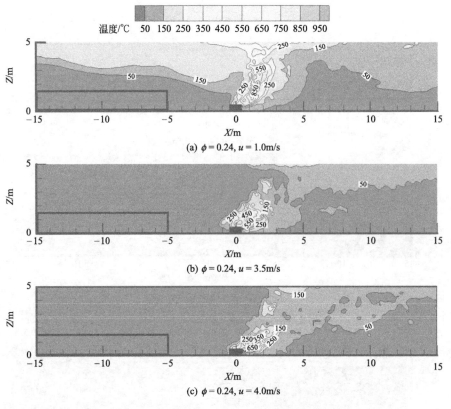

图 5.13 近火源温度场分布图（$\phi = 0.24$）

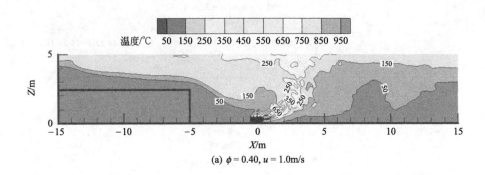

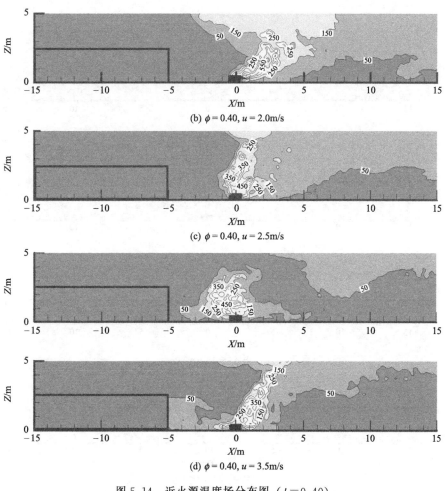

图 5.14 近火源温度场分布图（$\phi=0.40$）

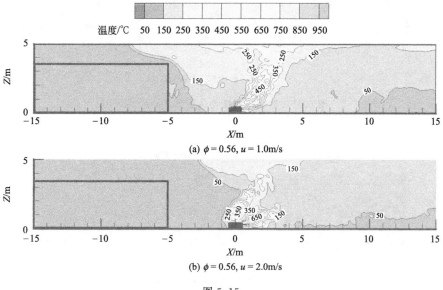

图 5.15

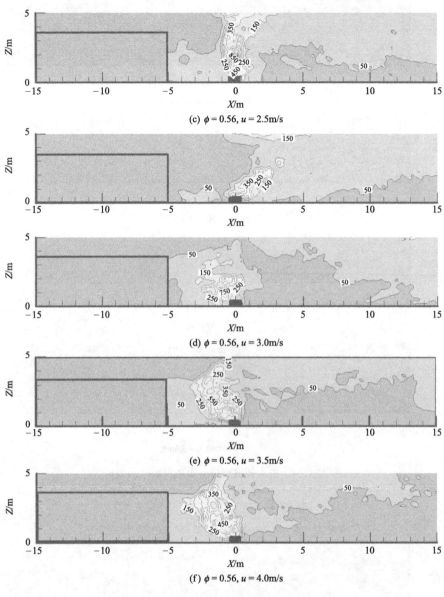

图 5.15　近火源温度场分布图（$\phi=0.56$）

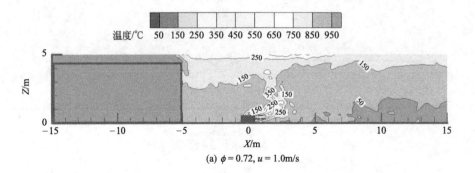

(a) $\phi = 0.72, u = 1.0\text{m/s}$

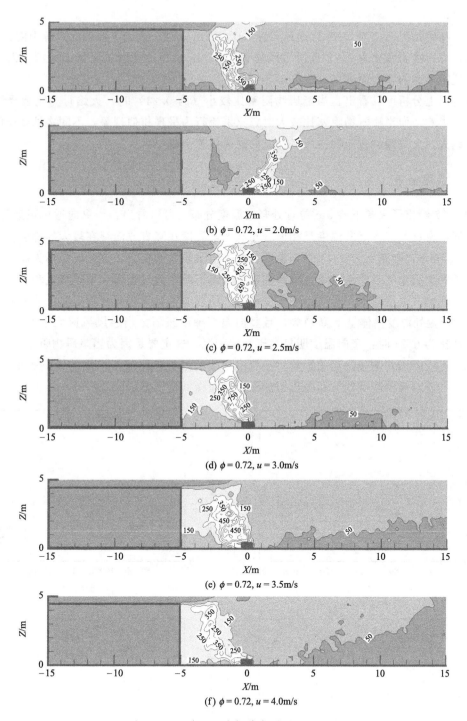

图 5.16 近火源温度场分布图（$\phi=0.72$）

（1）障碍物阻塞比为 0.24 时，火焰向火源下游倾斜，并且倾角随着纵向通风风速的增大而减小；

（2）障碍物阻塞比增大到 0.40，通风风速小于 2m/s 时，火焰向下游倾斜，但当通风风速增大到 2.5m/s 时，火焰出现向上游偏转的行为；

（3）障碍物阻塞比为 0.40 且通风风速大于 3.5m/s 时，火焰倾斜状态在上游和下游周期性转变；

（4）障碍物阻塞比为 0.56 且通风风速大于 3.5m/s 时，火焰主要偏向火源上游；

（5）障碍物阻塞比为 0.72 且通风风速大于 3.0m/s 时，火焰主要位于火源上游，且倾角随着通风风速的增大而减小。

通过以上分析可以看出，当障碍物阻塞比较小（为 0.24）时，火焰行为主要受纵向通风风速的影响，而当障碍物阻塞比较大时，火羽流行为呈现相似现象，不同之处在于障碍物阻塞比越大，火焰倾斜方向转换所需的纵向通风风速值越小。

5.2.4 温度分布

图 5.17 给出了火源下游 5m 位置处竖向温度分布。可以看出：当纵向通风风速为 1m/s 时，不同阻塞比状态下竖向温度呈相似分布状态，温度在竖直方向存在较大的梯度。当风速增大到 1.5m/s，阻塞比为 0.72 时，温度分布发生了较大的变化，这可能是因为此条件下蔓延到上游的火灾烟气没能越过障碍物而被吹至火源下游，此过程强化了热烟气和冷空气的混合，从而使烟气温度降低，竖向温度梯度减弱。随着通风风速和障碍物阻塞比的增大，火源下游 5m 位置处温度整体呈下降趋势，且竖向温度梯度减弱。当通风风速大于 2.5m/s，障碍物阻塞比为 0.24 时，竖向温度明显高于其他工况，这主要是因为当障碍物阻塞比较小时，火焰几乎不受障碍物诱导尾流的影响。随着阻塞比的增大，尾流对火焰的影响越来越明显，这使得火羽流对周围冷空气的卷吸作用加强，从而降低烟气温度。

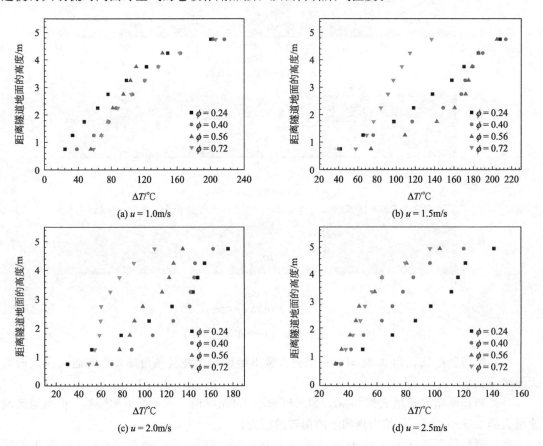

(a) $u = 1.0$m/s

(b) $u = 1.5$m/s

(c) $u = 2.0$m/s

(d) $u = 2.5$m/s

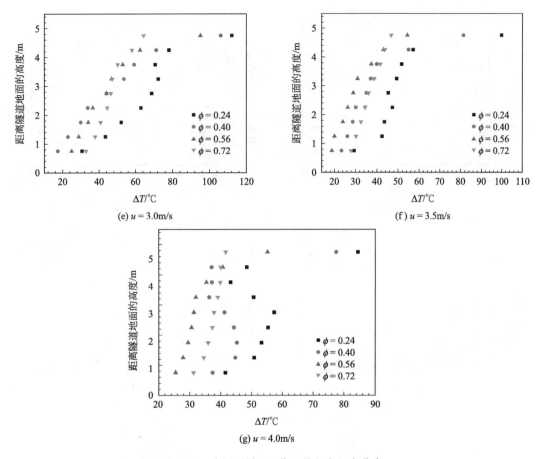

图 5.17 火源下游 5m 位置处竖向温度分布

图 5.18 给出了火源上游 2.5m 位置处竖向温度分布。可以看出：纵向通风风速为 1.5m/s 时，除障碍物阻塞比为 0.72 外，火源上游都出现明显温升。分析原因，当障碍物阻塞比为 0.72 时，往上游蔓延的火灾烟气被阻止。当通风风速为 2.0m/s 时，竖向温度在障碍物阻塞比为 0.56 时趋于均一化。均一化现象出现后，竖向温度呈现新趋势，出现中部温度高、高处和低处温度低的现象。分析其原因，发现随着纵向通风风速的增大，障碍物诱导

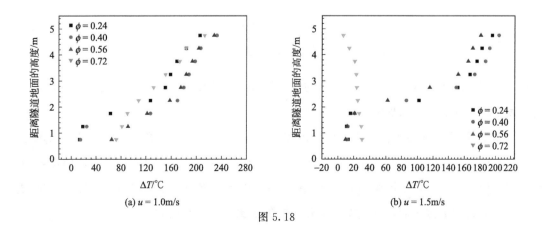

图 5.18

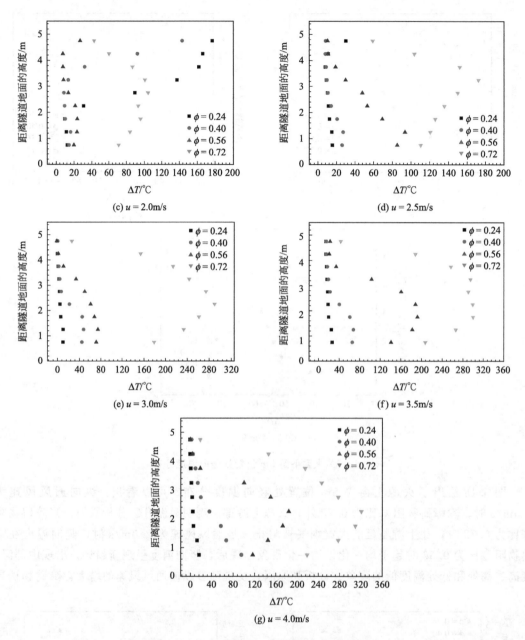

图 5.18 火源上游 2.5m 位置处竖向温度分布

尾流对火羽流的作用越来越明显，火焰的倾斜从火源下游转到火源上游，受火焰的影响，竖向温度呈现中间温度高的现象。

图 5.19 给出了隧道顶棚下方火源上游和下游温度分布，可以看出，当纵向通风风速小于 2.0m/s 时，顶棚下方烟气温度呈相似分布；当纵向通风风速为 1.0m/s 时，温度随阻塞比的增大而减小；而当通风风速大于 2.5m/s 时，火源下游烟气温度仍然随着阻塞比的增大而减小，但火源上游区域，烟气温度随障碍物阻塞比的增大而增大。

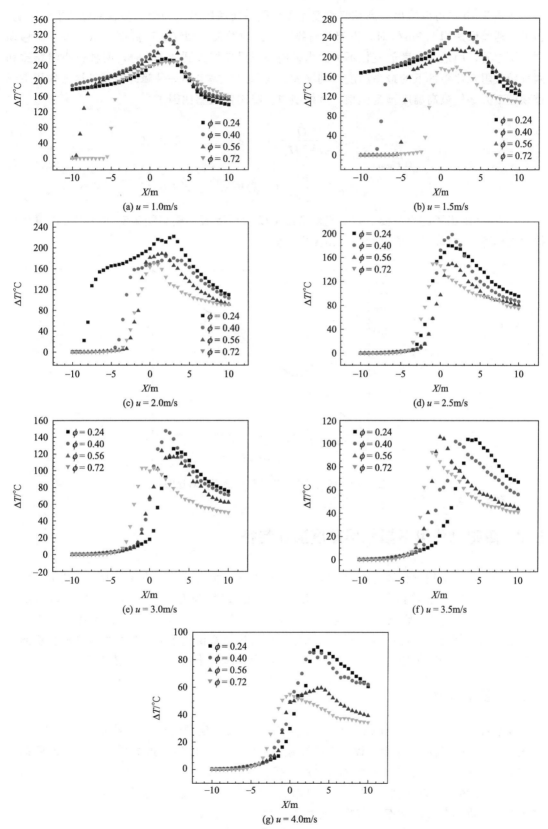

图 5.19 隧道顶棚下方纵向温度分布

从图 5.19 也可以看出最高烟气温度位置点受纵向通风风速和障碍物阻塞比的耦合影响。当纵向通风风速为 3.5m/s 时，随着障碍物阻塞比的增大，烟气最高温度点从火源下游移动到火源上游，而最高温度值变化不大。当纵向通风风速增大到 4m/s 时，两种较小阻塞比和两种较大阻塞比条件下的最高温度差别增大。式(5.4) 提出了一种障碍物诱导尾流作用下隧道顶棚下方烟气最高温度预测模型，该模型包含障碍物阻塞比因子。

$$\Delta T_{\max}=\begin{cases}0.9\dfrac{\dot{Q}}{ur^{1/3}H_d^{5/3}}(1-\phi)^{1/3}, & u'>0.19 \\ 15.75\dfrac{\dot{Q}^{2/3}}{H_d^{5/3}}(1-\phi)^{1/3}, & u'\leqslant 0.19\end{cases} \quad (5.4)$$

图 5.20 给出了隧道顶棚下方烟气最高温度模型预测值和模拟结果对比图，可以看出新提出的模型 [式(5.4)] 能够较好地预测模型值。

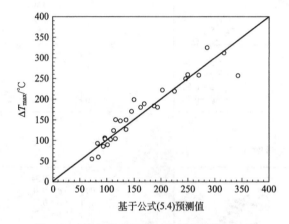

图 5.20　烟气最高温度与模型预测值对比图

5.3　障碍物作用下烟气层厚度演化特征

热烟气层厚度演化特性是隧道火灾事故排烟控制的重要参数，直接影响人员疏散。以往的研究主要集中在隧道内无障碍物阻塞时的热烟气层厚度[11-15]，例如：Nyman 和 Ingason[12]等通过实验研究了温度竖向分布和烟气层厚度，Oka 等[14]对自然通风隧道内顶棚中心的热烟气层稳定性进行了研究。而隧道内发生堵塞情况下的热烟气层厚度演化机制目前研究还较少。唐飞等通过实验，研究了隧道内存在障碍物情况下烟气层厚度演化特征。

5.3.1　实验设计

实验在 66m(长)×1.5m(宽)×1.3m(高) 的缩尺寸模型隧道（比例为 1∶6）中进行，见图 5.21。模型隧道底部为钢板，表面覆盖耐高温材料；模型隧道的顶棚及侧壁采用钢化透明玻璃。隧道一端安装有机械风机，用于提供纵向通风，风速强度值可以很好地控制在 5% 以内，该风机可以提供 0～4.5m/s 以内的纵向风，其通过调节变频器来控制实验风速。隧道另一端则是打开的状态。实验的环境温度为 (14±2)℃。

实验火源采用多孔燃烧器，置于隧道中轴线上，尺寸为 0.3m(长)×0.3m(宽)×0.1m

第5章 障碍物作用下隧道火灾烟气流动特性

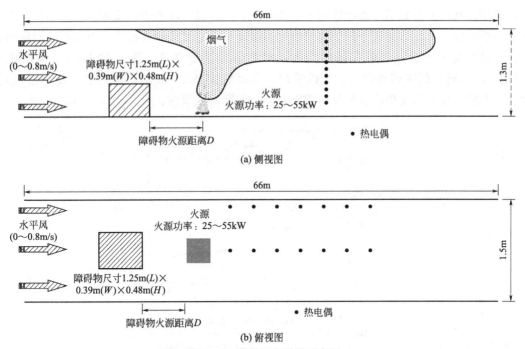

图 5.21 模型尺度隧道示意图

(高)。燃料采用液化气（LPG），多孔燃烧器通过转子流量计与燃料罐连接，在转子流量计的调节下产生稳定的火源热释放速率（HRR）。实验采用 K 型铠装热电偶组成的竖向热电偶串，高度从 0.3~1.2m，竖向间隔 0.1m，用以测量竖向烟气的温度。热电偶串位于距离火源 2.5m 的下游，其位于一维烟气羽流蔓延范围内。

在隧道顶板下方布置两组水平热电偶，从距离火源下游 0.5m 到 3.5m，间距 0.5m 布置。一组水平热电偶位于隧道顶板的中心线，另一组水平热电偶位于顶板截面的边缘，即距离侧壁 0.05m，如图 5.21 所示。模拟车辆障碍物的尺寸为 1.25m（长）、0.39m（宽）和 0.48m（高），近似 1/6 型客车，置于火源的上游隧道中心线上。

表 5.4 纵向风与车辆阻塞下实验工况表

序号	纵向通风风速/(m/s)	障碍物火源距离 D/m	火源功率/kW
1~24	0	无障碍物,0,0.25,0.5,1.0,1.5,2.0,3.0	25,40,55
25~48	0.3	无障碍物,0,0.25,0.5,1.0,1.5,2.0,3.0	25,40,55
49~72	0.5	无障碍物,0,0.25,0.5,1.0,1.5,2.0,3.0	25,40,55
73~96	0.8	无障碍物,0,0.25,0.5,1.0,1.5,2.0,3.0	25,40,55

具体实验工况设计如表 5.4 所示。障碍物与火源之间的距离设为 0m、0.25m、0.5m、1m、1.5m、2m、3m 和无穷大（无障碍物）。本实验基于 Froude 相似模型准则，考虑了三种火源功率（25kW、40kW 和 55kW），其对应的全尺寸火源大小为 2.2~4.8MW，类似一辆小汽车完全燃烧时的热释放速率。实验中设置了 4 种纵向风通风风速（0m/s、0.3m/s、0.5m/s 和 0.8m/s），其对应的实际风速为 0~1.96m/s。

5.3.2 隧道顶棚下方一维羽流蔓延区域的确定

利用布置的隧道下游的中心线和侧壁线处的热电偶来判定顶棚烟气运动是否已达到一维

蔓延阶段。判断方法如下：当在隧道下游某个位置的时候，隧道中心线和隧道侧壁的温度相差很小的时候，可以认为这个位置侧壁烟气的温度和中心线的温度相等。当存在纵向风的时候，一维羽流区域会随着纵向风的增大而朝着隧道下游蔓延。图5.22展示了纵向风为0.8m/s时的隧道顶棚烟气温度。可以看出，当距离火源2.5m时，达到了一维羽流区域。因此，本实验设计工况中的数据分析均来自于一维羽流区域内。

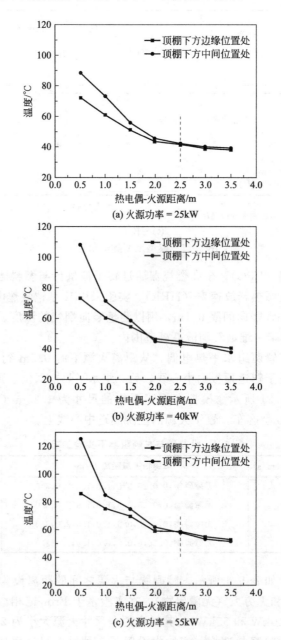

图5.22 纵向风为0.8m/s时的隧道顶棚烟气温度

5.3.3 竖向温度分布

图5.23展示了纵向通风速度（纵向风速）为0m/s时，隧道内无堵塞情况下烟气层竖

第5章 障碍物作用下隧道火灾烟气流动特性

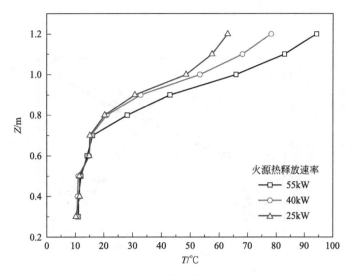

图 5.23 不存在阻塞以及纵向风下的竖向烟气温度分布

向温度分布图。研究发现，上部烟气层的竖向温度随火源功率的增加而上升，下部空气层温度随火源功率的变化，未出现明显的变化。

图 5.24 给出了当障碍物与火源距离 $D=1\text{m}$ 时，隧道内不同纵向通风速度（0~0.8m/s）作用下的烟气竖向温度分布图。通过图 5.24 可以看出：由于纵向通风会加强上层烟气层和下层冷空气层之间的卷吸，竖向的烟气层温升随隧道内的纵向通风速率增加而降低。通过图 5.25 也可以观察到类似的演变趋势。图 5.25 给出了当火源功率 $HRR=40\text{kW}$ 时，不同的阻塞距离（0~3m）和纵向通风速度（0~0.8m/s）影响下，隧道内烟气竖向温度变化特征。

5.3.4 烟气层厚度

图 5.26 显示了不同纵向通风速度和障碍物火源距离下的烟气层厚度，其火源热释放速率范围为 25~55kW。这里，通过应用积分比法[16-18]对热电偶串测定的竖向温度值进行烟气层厚度的计算。在该计算过程中，垂直区域被分成两个子区域，并获得两个积分比率。

其中当总积分比 r_{t0} 最小时，即可得到分层界面的具体高度信息。上下层积分比为：

$$r_{\mathrm{u}}=\frac{1}{(H-H_{\mathrm{int}})^2}\int_{H_{\mathrm{int}}}^{H}T(z)\mathrm{d}z\int_{H_{\mathrm{int}}}^{H}\frac{1}{T(z)}\mathrm{d}z \tag{5.5}$$

$$r_{\mathrm{l}}=\frac{1}{H_{\mathrm{int}}^2}\int_{0}^{H_{\mathrm{int}}}T(z)\mathrm{d}z\int_{0}^{H_{\mathrm{int}}}\frac{1}{T(z)}\mathrm{d}z \tag{5.6}$$

式中，$T(z)$ 为垂直温度分布函数。总积分比为 r_{u} 与 r_{l} 之和：

$$r_{t0}=r_{\mathrm{u}}+r_{\mathrm{l}}=f(z) \tag{5.7}$$

式中，r_{u} 表示上部烟气层的积分比；r_{l} 表示下层空气层的积分比；r_{t0} 表示总积分比。与此同时，隧道的水力学直径通过以下关系式来计算：

$$H_{\mathrm{D}}=4\frac{A}{X}=2\frac{WH}{(W+H)} \tag{5.8}$$

式中，A 是横截面积，m^2；X 是横截面周长，m；W 是隧道的宽度，m；H 是隧道的高度，m。

从图 5.26 中，以无量纲火源阻塞距离 D/H_{D} 为 X 轴，以无量纲烟气层厚度 h/H_{D} 为 Y 轴，可以看出：

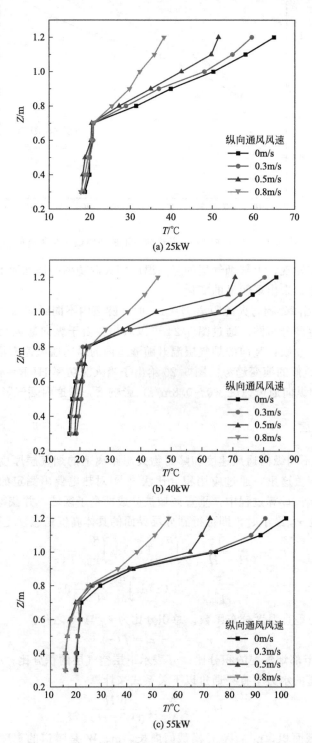

图 5.24 不同火源功率下障碍物与火源距离为 1m 时的竖向烟气温度分布

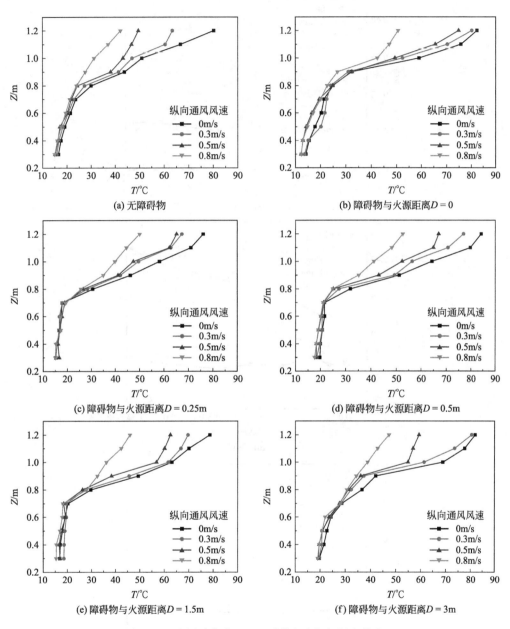

图 5.25 火源功率为 40kW 时的竖向烟气温度分布

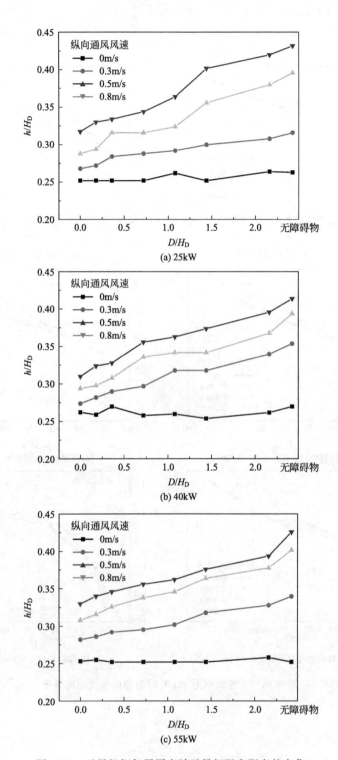

图 5.26 无量纲烟气层厚度随无量纲阻塞距离的变化

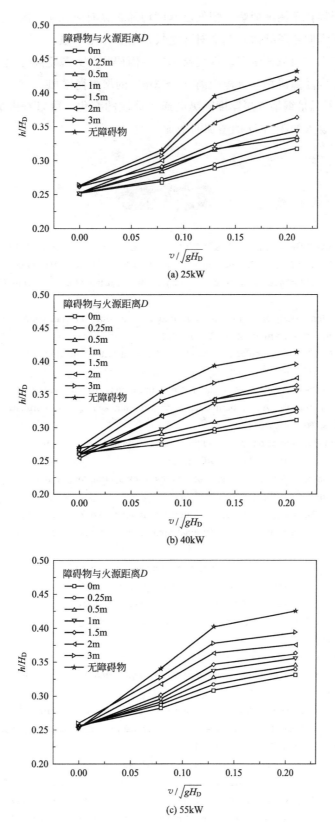

图 5.27 无量纲烟气层厚度随无量纲纵向通风风速的变化

(1) 无论是否存在车辆障碍物，烟气层厚度均随着纵向通风速度的增加而增加；烟气层厚度的变化归因于纵向通风导致烟气层对冷空气的卷吸作用增强。

(2) 对于没有纵向通风的情况，烟气层厚度在障碍物与火源距离变化时保持近似恒定。

(3) 烟气层厚度随障碍物与火源距离（0~3m）的增加而增加。

图 5.27 显示了无量纲烟气层厚度随纵向通风速度的变化。可以看出烟气层厚度随着纵向通风速度和障碍物火源距离 D 的增加而增加。

参考文献

[1] 李立明. 隧道火灾烟气的温度特征与纵向通风控制研究. 合肥：中国科学技术大学，2012.

[2] Hu L H, Tang W, Chen L F, et al. A non-dimensional global correlation of maximum gas temperature beneath ceiling with different blockage-fire distance in a longitudinal ventilated tunnel. Applied Thermal Engineering, 2013, 56: 77-82.

[3] Kang K. Computational study of longitudinal ventilation control during an enclosure fire within a tunnel. Journal of Fire Protection Engineering, 2006, 16: 159-181.

[4] Lee Y P, Tsai K C. Effect of vehicular blockage on critical ventilation velocity and tunnel fire behavior in longitudinally ventilated tunnels. Fire Safety Journal, 2012, 53: 35-42.

[5] Tang W, Hu L H, Chen L F. Effect of blockage-fire distance on buoyancy driven back-layering length and critical velocity in a tunnel: An experimental investigation and global correlations. Applied Thermal Engineering, 2013, 60: 7-14.

[6] Thomas P H. The movement of buoyant fluid against a stream and venting of underground fires. Fire Research Note, No. 351, Fire Research Station, Watford, UK, 1958.

[7] Li Y Z, Lei B, Ingason H. Study of critical velocity and backlayering length in longitudinally ventilated tunnel fires. Fire Safety Journal, 2010, 45: 361-370.

[8] Chen L F, Hu L H, Tang W, et al. Studies on buoyancy driven two-directional smoke flow layering length with combination of point extraction and longitudinal ventilation in tunnel fires. Fire Safety Journal, 2013, 59: 94-101.

[9] Weng M C, Lu X L, Liu F, et al. Prediction of backlayering length and critical velocity in metro tunnel fires. Tunnelling and Underground Space Technology, 2015, 47: 64-72.

[10] Olvera H A, Choudhuri A R, Li W W. Effects of plume buoyancy and momentum on the near-wake flow structure and dispersion behind an idealized building. Journal of Wind Engineering and Industrial Aerodynamics, 2008, 96: 209-228.

[11] Bofah K K, Gerhardt H J, Kramer C, et al. Numerical calculations of the temperature distribution in a smoke layer caused by a fire in a building. Journal of Wind Engineering & Industrial Aerodynamics, 1991, 38（2-3）: 371-380.

[12] Nyman H, Ingason H. Temperature stratification in tunnels. Fire Safety Journal, 2012, 48: 30-37.

[13] Lai C M, Chen C J, Tsai M J, et al. Determinations of the fire smoke layer height in a naturally ventilated room. Fire Safety Journal, 2013, 58（15）: 1-14.

[14] Oka Y, Oka H, Imazeki O. Ceiling-jet thickness and vertical distribution along flat-ceilinged horizontal tunnel with natural ventilation. Tunnelling and Underground Space Technology, 2016, 53: 68-77.

[15] Mei F Z, Tang F, Ling X, et al. Evolution characteristics of fire smoke layer thickness in a mechanical ventilation tunnel with multiple point extraction. Applied Thermal Engineering, 2017, 111: 248-256.

[16] Peacock R D, Jones W W, Bukowski R W. Verification of a model of fire and smoke transport. Fire Safety

Journal, 1993, 21: 89-129.
[17] Hu L H, Huo R, Li Y Z, et al. Full-scale burning tests on studying smoke temperature and velocity along a corridor. Tunnelling and Underground Space Technology, 2005, 20: 223-229.
[18] Otsu N. A threshold selection method from gray-scale histograms. IEEE Transactions on Systems, Man, and Cybernetics: Systems, 1979, 9: 62-66.

第 6 章
集中排烟作用下隧道火灾烟气流动特性

现阶段，集中排烟模式研究主要包括排烟口速率、是否发生吸穿、排烟口开启个数、排烟阀设置的优化以及火源功率对集中排烟效果的影响等方面[1-14]。隧道集中排烟作用下，随着集中排烟风速的增加，集中排烟口下方出现凹陷，烟气层厚度不断减小，当烟气层厚度减小到 0 时，下层冷空气被直接抽吸入集中排烟口而发生吸穿现象，这将大大降低排烟效率。赵红莉[3]等采用缩尺寸实验和数值模拟的方法分别研究了纵向排烟和集中排烟作用下的隧道火灾烟气蔓延特征。Choi[4]等对横向通风隧道的烟气传播特性进行了计算，研究了火灾尺寸和供、排气风量的函数关系。吴德兴[5]充分调研分析了国内外特长公路隧道通风排烟设计，并采用理论分析、数值模拟和模型实验的方法对点式集中排烟模式进行了大量研究，通过研究不同参数对排烟效果的影响，提出了合理的方法来设计独立排烟道点式排烟系统。中国科学技术大学陈龙飞[6]利用 1∶6 模型隧道（长度 66m、宽度 1.5m 以及高度 1.3m），开展了纵向通风和顶部集中排烟联合作用下隧道顶棚射流特征参数演化实验，建立了隧道内顶棚特征参数演化模型（最高温升、火焰拓展等）。中南大学易亮等[7]在 1∶10 模型隧道内，对隧道集中排烟系统的排热系数进行了实验研究，分别研究了单个排烟口、排烟管道和排烟风机的排热系数。瑞典 SP 研究所 Ingason[8]通过在模型隧道（1∶23）内进行一系列实验，研究了纵向排烟系统下，单点集中排烟和两点集中排烟系统下的烟气流动和控制规律。李想[9]通过数值模拟的方法，研究了集中排烟口开启方式对烟气蔓延特性的影响，并通过计算给出了发生火灾时人员安全疏散所需要的时间。西南交通大学张玉春等[10]通过 Fluent 模拟研究了特长公路隧道顶部集中排烟方式，发现交通隧道顶部集中排烟模式烟气控制效果比纵向通风排烟模式的效果好，隧道顶部排烟口的设置间距及大小会影响烟气扩散和控制。武汉科技大学姜学鹏等[11]分析了不同顶部集中排烟速率对交通隧道烟气层分层的影响，研究发现，集中排烟速率会加快上层热烟气与下层冷空气之间的热对流，改变交通隧道内温度特征，在集中排烟口两侧的一定距离内烟气层分层强度会降低，而且随集中排烟速率增大会更明显。

近年来，集中排烟模式下隧道火灾烟气控制研究引起了国内外学者的广泛关注，而对于集中排烟协同模式作用下的烟气层水平卷吸特性，目前国内外文献中鲜有报道，隧道火灾烟气的理查森数（Richardson 数，简称 Ri 数）与通风排烟条件有关系，前人主要研究了纵向通风对烟气层卷吸的影响贡献。我们知道，隧道顶棚烟气的温度和流速随排烟速率和排烟形式改变均发生变化，进而导致 Ri 数发生改变。因此，深入研究集中排烟模式作用下烟气层水平卷吸特征是非常必要的。另外，集中排烟作用下烟气层会出现"吸穿"现象，导致大量下层冷空气进入集中排烟口，大大影响烟气控制效果，因此研究集中排烟模式下烟气层"吸穿"现象具有重要的意义。再者，如何有效地利用集中排烟抑制火灾烟气在隧道内的蔓延，

第6章 集中排烟作用下隧道火灾烟气流动特性

对于隧道火灾发生后人员的安全疏散具有非常重要的意义。

6.1 集中排烟作用下隧道火灾烟气层卷吸特性

隧道内发生火灾后，在浮力的作用下，上层热烟气与下层冷空气之间形成明显的分层流。由于隧道狭窄的结构特点，烟气蔓延与普通尺寸房间中火灾的烟气蔓延有很大的不同。浮力诱导的烟气流动行为得到了广泛的研究和报道，其中包括自然通风[15-32]和机械排烟[1-14,33-40]的影响。

从物理上看，隧道顶棚下的烟气运动过程可分为四个阶段[41-43]：①浮力驱动阶段，热烟气在浮力的作用下上升至顶棚；②由于侧壁的影响，烟气撞击顶棚后呈径向扩散；③径向蔓延与一维水平区域的过渡；④烟气将沿隧道一维水平运动。隧道顶棚烟气运动过程如图6.1所示。

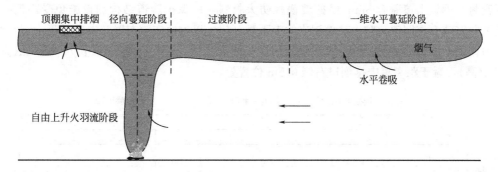

图 6.1 隧道顶棚烟气运动过程

在隧道顶棚烟气的一维水平运动阶段，由 Kunsch[42,43]提出了烟气质量的微分增量与卷吸系数的关系式，见式(6.1)：

$$d\dot{m} = \beta \rho_a W \Delta u \, dx \tag{6.1}$$

式中，ρ_a 为空气的密度；Δu 为 x 处烟气层和空气层之间的相对速度；β 为空气卷吸系数；W 为通道宽度（在隧道中，W 为隧道顶棚的宽度）。

Hinkley[44]在通道内研究了烟气在一维水平区域的衰减特征，并给出不同位置处的烟气运动速度计算公式：

$$u_s = u_{s0} \exp[\alpha(x_0 - x)] \tag{6.2}$$

式中，u_{s0} 为 x_0 处的烟气运动速度；u_s 为 x 处的烟气运动速度；α 为一个多参数组合变量。

此外，王浩波等[45]通过在长通道内进行一系列模型实验，推导出无集中排烟下通道顶棚烟气一维羽流运动阶段的卷吸系数表达式，并指出卷吸系数由环境温度、烟气流速、烟气温度和参考点之间的烟气层厚度决定。胡隆华等[46]从理论上分析比较了不同纵向通风速度下隧道火灾烟气流中 CO 浓度和烟气温度的纵向衰减特征，研究了全尺寸公路隧道火灾烟气 CO 纵向分布特征。

上述对卷吸系数的研究多集中在自然通风模式下，然而，机械排烟也会影响烟气羽流行为特征[47,48]。集中排烟会影响隧道的烟气速度、烟气温度和烟气层厚度[49-51]。上层烟气层与下层冷空气层之间会发生相互剪切作用，会将下层空气卷吸进上部热烟气层中。当分层流动中维持烟气层稳定的热浮力小于惯性力,烟气层卷吸空气,会失去稳定而下沉,将严重威胁隧道内人员安全逃生。由于隧道的几何形状和通风限制的影响,隧道火灾中的顶棚烟气流动与开放空间的烟气扩散有很大的不同[52,53]。因此顶棚集中排烟模式作用下隧道火灾烟气层卷吸特征是值得研究的内容。

唐飞、梅凤珠[54]通过开展一系列缩尺寸模型隧道火灾实验,研究了集中排烟对隧道火灾烟气一维羽流水平运动阶段的空气卷吸系数的影响。在实验中,隧道顶棚下方的烟气是弱羽流撞击顶棚后形成的,火焰不直接触及隧道顶棚。

6.1.1 实验设计

为了开展对不同顶部集中排烟条件下隧道顶棚一维羽流烟气运动的空气卷吸特征研究,实验在 8m(长)×0.34m(宽)×0.44m(高) 的缩尺寸模型隧道(比例为 1∶20)中进行。在隧道顶棚上设置了一个大小为 0.1m×0.1m 的正方形集中排烟口,如图 6.2 所示。隧道底板采用钢板密封,钢板上覆盖有 8mm 厚的玻镁板防火材料,以保护隧道结构和设施免受高温破坏,隧道侧壁安装有透明钢化防火玻璃制成的上下翻开门,以方便实验布置及实验过程中观察烟气在浮力作用下的流动情况。模拟火源采用丙烷气体燃烧器,尺寸为 0.16m(长)×0.12m(宽)×0.07m(高),置于距离集中排烟口右侧 0.5m 位置处。

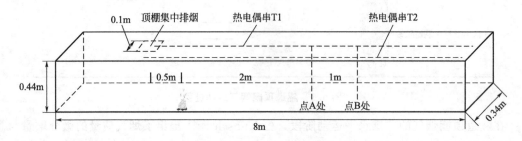

图 6.2 模型尺度隧道示意图

在隧道顶棚的纵向上安装了两串热电偶串,每串有 22 个热电偶,间隔为 0.2m。其中热电偶串 T1 位于隧道顶棚中心位置,热电偶串 T2 安装在距离侧壁的 0.05m 处。在顶棚的纵向中心线上选择两个参考点,A 点和 B 点,其与火源的水平距离分别为 2m 和 3m。另外,在 A 点和 B 点处布置了竖向热电偶串,每串 12 个热电偶,竖向间隔 0.02m,最高测量点在隧道顶棚下方 0.01m 处。同时,采用多通道风速仪(日本 KANOMAX,6243 型)测量烟气速度,测量范围为 0~50m/s,对于 10m/s 以下的流速,其精度可达到 0.01m/s。测点位于隧道顶棚下 0.05m 处。

为了使本实验模型的研究结果能被推广到全尺寸隧道火灾中,本文采用的实验隧道模型是基于 Froude 相似准则模型设计的。在本实验中,使用 ALICAT 质量流量计控制火源功率,共考虑了五种火源功率(1.5kW、2.25kW、3.0kW、3.75kW 和 4.5kW)。基于 Froude 相似模型准则 $\dot{Q}_M = \dot{Q}_F (1/20)^{5/2}$,实验设计的火源功率等效为 2.6~8MW($\dot{Q}_M$ 是模型实验的火源功率,$\dot{Q}_F$ 是实际等效火源功率)。实验中集中排烟风速大小设置范围为 0~2.5m/s。基于 Froude 模型相似准则 $[U_M = U_F (1/20)^{1/2}]$,顶棚集中排烟风速可等效为 0~11.18m/s。我国标准《公路隧道设计导则》(JTG/TD 70—2010)规定,在隧道顶部设置排烟口时,最高排烟风速可提高到 10~15m/s。因此,实验设计满足国家标准。

$$\dot{Q}_M = \dot{Q}_F \left(\frac{L_M}{L_F}\right)^{5/2} \quad (6.3)$$

$$U_M = U_F \left(\frac{L_M}{L_F}\right)^{1/2} \quad (6.4)$$

式中，下角 M 是尺度模型；下角 F 是全尺度模型；L_F 是全尺寸尺度，L_M 是模型尺寸长度尺度。

实验中采用烟饼燃烧产生烟颗粒来示踪隧道火灾烟气，并采用激光片光源来显示烟气的流场。具体实验工况如表 6.1 所示。

表 6.1 隧道火灾烟气层卷吸特性实验工况

序号	火源功率/kW	顶棚集中排烟风速/(m/s)			
1～4	1.5	0	0.5	1.5	2.5
5～8	2.25	0	0.5	1.5	2.5
9～12	3.0	0	0.5	1.5	2.5
13～16	3.75	0	0.5	1.5	2.5
17～20	4.5	0	0.5	1.5	2.5

6.1.2 一维羽流区域确定与烟气流动特性

判断隧道内顶棚烟气运动是否已成为一维羽流的方法是在无集中排烟系统的影响下，将在火源上方获得的顶棚温度（即热电偶串 T1）与在侧壁附近获得的温度（即热电偶串 T2）进行比较。从图 6.3 可以看出，在火源附近，热电偶串 T1 得到的顶棚温度远大于热电偶串 T2，但随着隧道火灾烟气扩散距离的增大，热电偶串 T1 与 T2 之间顶棚温度的差距逐渐减小，当距离大于 1.8m 时，温度在 T1 和 T2 之间的差别很小，可以认为烟气蔓延阶段隧道侧壁的烟气温度与隧道中间温度近似相等。因此，实验段中所提到的从参考点 A（$x_0 = 2.5m$）到参考点 B（$x=3m$）的测量部分为烟气扩散的一维羽流阶段。

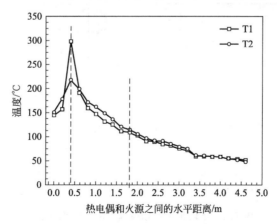

图 6.3 无集中排烟下顶棚中间热电偶串 T1 测温与顶棚侧壁热电偶串 T2 测温的对比情况（HRR=3.75kW）

图 6.4 给出了火源功率 3.0kW 时不同顶棚集中排烟风速下的一维水平区域的烟气流动情况。从图 6.4(a) 中可以看出，当火源功率为 3.0kW，集中排烟风速为 0.5m/s 时，集中

排烟口下方未发生吸穿现象。从图6.4(b)中可以看出,当火源功率为3.0kW,集中排烟风速为2.5m/s时,集中排烟口下方发生烟气吸穿现象。结果表明集中排烟口是否发生吸穿现象,不会对烟气的一维羽流运动区域产生显著影响。

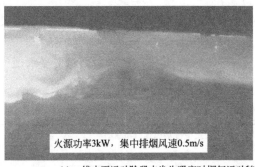
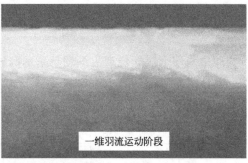

(a) 一维水平运动阶段未发生吸穿时烟气运动特征(HRR = 3.0kW,顶棚集中排烟风速 = 0.5m/s)

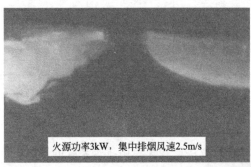

(b) 一维水平运动阶段发生吸穿时烟气运动特征(HRR = 3.0kW,顶棚集中排烟风速 = 2.5m/s)

图6.4 一维水平运动阶段烟气流动的情况

图6.5给出了不同顶棚集中排烟速度影响下的顶棚烟气温度变化情况。从图中可以看出,顶棚烟气温度随火源功率的增加而升高,而顶棚集中排烟风速对顶棚烟气温度的影响较小。

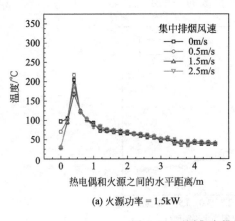
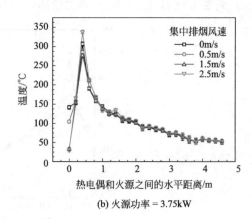

(a) 火源功率 = 1.5kW

(b) 火源功率 = 3.75kW

图6.5 不同集中排烟风速下的顶棚烟气温度

6.1.3 集中排烟模式下烟气层温度特征和卷吸系数演化

中国科学技术大学王浩波等[45]通过实验研究了自然通风条件下隧道火灾一维羽流蔓延

阶段卷吸特征，提出了卷吸系数的表达式，如式(6.5)所示，一维羽流运动阶段的卷吸系数与环境温度、烟气流速、烟气温度和参考位置之间的烟气层厚度有关。

$$\beta = \frac{T_a \left(\dfrac{h_s}{T_s} \times \dfrac{u_s}{u_{s0}} - \dfrac{h_{s0}}{T_{s0}} \right)}{x - x_0} \times \frac{H - h_s}{H} \tag{6.5}$$

式中，h_s 为 x 处的烟气层厚度；h_{s0} 为 x_0 处空气层的厚度；H 为隧道的高度。

需要注意的是，虽然顶棚单点集中排烟系统会改变对流热，但主要影响集中在排烟口附近的区域，对一维羽流水平运动阶段的影响程度较小。同时，在一维羽流水平运动阶段，顶棚单点集中排烟系统作用下的烟气层是稳定的，可以清晰地得到所有参数。

在这里引入积分比法[7-8]来计算烟气层和空气层的分界面高度，其中当总积分比 r_{t0} 最小时，即可得到分层界面的具体高度信息。上下层积分比为：

$$r_u = \frac{1}{(H - H_{int})^2} \int_{H_{int}}^{H} T(z) dz \int_{H_{int}}^{H} \frac{1}{T(z)} dz \tag{6.6}$$

$$r_l = \frac{1}{H_{int}^2} \int_0^{H_{int}} T(z) dz \int_0^{H_{int}} \frac{1}{T(z)} dz \tag{6.7}$$

式中，$T(z)$ 为垂直温度分布函数。

总积分比为 r_u 与 r_l 之和：

$$r_{t0} = r_u + r_l = f(z) \tag{6.8}$$

式中，r_u 表示上部烟气层的积分比；r_l 表示下层空气层的积分比；r_{t0} 表示总积分比。

不同顶棚集中排烟风速下烟气层界面温度和烟气层厚度的变化如图6.6所示。从图6.6中可以看出，随着顶棚集中排烟风速的增加，烟气层界面温度升高，烟气层厚度减小。同时随着火源功率的增加，烟气层界面温度和烟气层厚度均升高。如图6.6(a)所示，当火源功率一定时，A 点中的烟气层界面温度高于 B 点。通过将烟气温度、烟气速度和 B 点的烟气层界面高度代入式(6.5)，进一步计算出卷吸系数，计算结果如图6.7所示。

图6.7给出了不同火源功率与集中排烟风速下烟气水平卷吸系数。结果表明，在集中排烟风速保持不变时，烟气的水平卷吸系数随火源功率的增加而增大，而在一定的火源功率下，烟气的水平卷吸系数随集中排烟速度的增加而减小。同时发现，本实验计算获得的卷吸系数的变化趋势与姜学鹏[55]的研究结果不同，姜学鹏指出烟气卷吸系数随顶棚集中排烟速度的增加而增大。对姜学鹏的研究结果与本实验结果的差异作出如下解释：在姜学鹏等的隧道火灾模型实验中，测温区域位于火源和排烟口之间，烟气流动方向与顶棚集中排烟抽吸产生的纵向风方向相同，集中排烟促进了烟气的流动，集中排烟促进了热烟气层和空气层界面的剪切作用，使卷吸空气行为更加剧烈，空气卷吸系数逐步增加。但在本实验中，测量区域位于远离顶棚集中排烟口和火源的地方，集中排烟诱导的气流对烟气向测量区域的流动起到一定的抑制作用。随着顶棚集中排烟风速的增加，抑制作用更明显，这导致卷吸空气行为变得减弱，因此，顶棚烟气水平卷吸系数随集中排烟风速的增加而减小。

6.1.4 集中排烟模式下隧道一维羽流区域空气卷吸系数预测模型

如图6.8所示，在本工作中，没有集中排烟作用下一维羽流区域空气卷吸系数与 You 和 Faeth 的模型是一致的[56]。但是姜学鹏等[55]的实验结果与本研究工作差距较大，本实验中的卷吸系数是姜学鹏等研究获得卷吸系数的十分之一。在此需要说明的是，本文获得的卷

· 115 ·

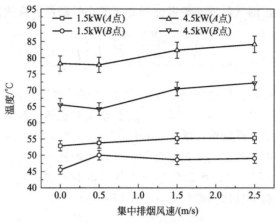

(a) 不同集中排烟风速下烟气层界面温度

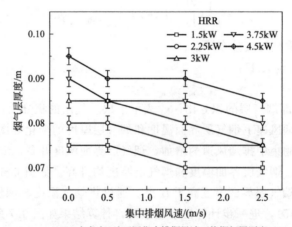

(b) 参考点A处不同集中排烟风速下的烟气层厚度

图6.6 不同集中排烟风速下的烟气层界面温度和烟气层厚度

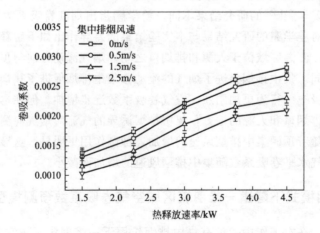

图6.7 不同火源功率下的烟气卷吸系数

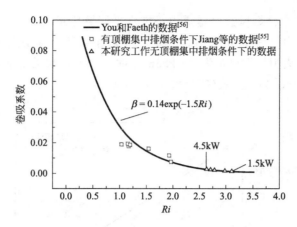

图 6.8 水平卷吸系数与 Richardson 数之间的关系

吸系数结果与姜学鹏等的结果并不矛盾，因为反映烟气流动的理查森数（Richardson 数）不相同，而隧道火灾中烟气流动的卷吸系数和 Richardson 数（简称 Ri 数）有一定关系，见式(6.9)。Elison 和 Turner[57] 通过小尺寸模型实验，研究了分层流动与卷吸系数之间的关系，研究结果表明：当 $Ri < 0.8$ 时，烟气的惯性力大于浮力，使得烟气失稳，卷吸系数增大；当 $Ri > 0.8$ 时，浮力大于惯性力，烟气层维持稳定。因此 Ri 数代表热浮力趋于维持烟气层化特征，惯性力则倾向于破坏烟气层化特征。

$$\beta = 0.14\exp(-1.5Ri) \tag{6.9}$$

本工作引入一个无量纲因子 $f(V)$ 来表征点式集中排烟系统对隧道顶棚一维烟气运动阶段的空气卷吸系数的影响，见式(6.10)。

$$f(V) = \frac{\beta(V)}{\beta} \tag{6.10}$$

图 6.9 表征了点式集中排烟系统作用下的隧道顶棚一维烟气运动阶段的空气卷吸系数的影响因子与火源功率的演化关系。从图 6.9 中可以看出，表征集中排烟作用影响的无量纲因子 $f(V)$ 基本不随火源功率的改变而变化，但可以看出，其随顶棚集中排烟风速的增大而减小，主要由于隧道顶部集中排烟诱导的气流运动方向与烟气本身运动的方向相反，随着顶棚集中排烟风速的增加，抑制烟气向测量区域流动影响更明显，进而导致隧道烟气顶棚一维蔓延阶段的卷吸空气行为变弱，因此，无量纲因子 $f(V)$ 随集中排烟速度的增加而减小。

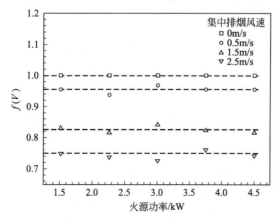

图 6.9 不同集中排烟风速下水平卷吸系数的无量纲因子

图 6.10 将改变集中排烟风速时隧道内一维水平区域质量卷吸系数实验数据进行拟合，得到当集中排烟风速为 0～2.5m/s 时，$f(V)$ 与无量纲集中排烟风速大小的关系。从图 6.10 中可以看出，当集中排烟风速为 0～2.5m/s 时，$f(V)$ 与无量纲集中排烟风速呈现线性变化关系，斜率为 −0.45，见式(6.11)。

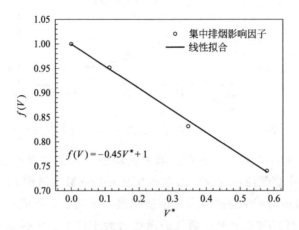

图 6.10　无量纲集中排烟风速与影响因子之间的关系

$$f(V) = -0.45V^* + 1 \tag{6.11}$$
$$V^* = V/\sqrt{gH}$$

式中，H 为隧道高度，m。

联立式(6.9)至式(6.11)，可建立不同顶棚集中排烟风速作用下顶棚一维羽流蔓延区域卷吸系数的表达式，如式(6.12)所示：

$$\beta_{(V)} = f(V)\beta = 0.14\exp(-1.5Ri)(-0.45V^* + 1) \tag{6.12}$$

图 6.11 给出了模型预测值 [基于式(6.12)] 与实验结果的对比。结果表明，该模型能较好地预测不同顶棚单点集中排烟速度下的羽流水平卷吸系数，同样也能预测无集中排烟系统作用下隧道火灾烟气一维水平区域空气卷吸系数。在此需要说明的是，随着顶部集中排烟速率的进一步增大，会发生烟气层吸穿现象，严重影响隧道排烟效率，此现象将在下一节重点研究。

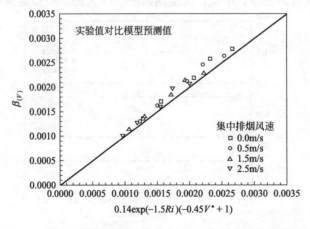

图 6.11　卷吸系数模型预测值 [式(6.12)] 与实验结果的对比

6.2 集中排烟作用下隧道火灾烟气层厚度演化特征及吸穿现象

隧道火灾在利用集中排烟进行烟气控制时，随着集中排烟风速的增加，集中排烟口下方出现凹陷，烟气层厚度不断减小，当烟气层厚度减小到 0 时发生吸穿现象，此时大量的冷空气进入集中排烟口，大大降低隧道火灾排烟效率[58-62]。烟气层厚度和吸穿速度的特性作为通风隧道顶棚集中排烟系统的两个重要参数，已经得到了广泛的研究。近年来，对于自然通风情况下的吸穿现象，纪杰等[60]研究了竖井高度对城市道路通风隧道自然通风的影响，得出了一种能在很大程度上减小边界层间距，避免吸穿现象发生的最佳竖井高度。对于机械排烟情况下的吸穿现象，姜学鹏等[61]采用 FDS 数值模拟软件研究了集中排烟风速对公路隧道火灾烟气层厚度吸穿现象的影响，发现离火源越远的集中排烟口越容易发生吸穿现象。

由于集中排烟风机多设置在隧道端部风井内，离风井越近的排烟口受风机所产生的抽吸力越大，而离火源越近，排烟口处的烟气热浮力越大。因此，不同位置排烟口处的抽吸风量不均。由于抽吸力和热浮力的分布规律恰恰相反，两者的耦合作用力在各排烟口处并不相等，故该模式下排烟口处发生吸穿现象时的特性较为复杂，有必要对其进行深入研究。然而，以往的研究主要是对单点顶棚集中排烟系统隧道内烟层厚度的特性进行了实验研究。一旦发生火灾，需同时开启火源附近的多个排烟口来抑制烟气的蔓延。在多点式集中排烟作用下的隧道火灾中，热烟气层厚度的演变特征（如两点式顶棚集中排烟口作用、四点式顶棚集中排烟口作用）在以往的工作中未被实验揭示过。为此，唐飞等在小尺寸隧道内开展了一系列烟气层厚度演化的燃烧实验，目的是弄清和揭示多点式集中排烟口作用下隧道顶棚下方的烟气层厚度演变特征和吸穿现象发生的条件。

6.2.1 实验设计

实验在长度为 8m，宽度为 0.34m 和高度为 0.44m 的小尺寸隧道模型（隧道模型比 1∶20）中进行。它是基于 Froude 相似准则建立的，如式(6.13)所示：

$$\dot{Q}_{c,M} = \dot{Q}_{c,F} \left(\frac{L_M}{L_F}\right)^{5/2} \tag{6.13}$$

式中，下角 M 代表模型实验研究；下角 F 代表全尺寸实验研究；L 代表模型尺寸。

隧道顶棚和地面采用耐高温材料制成，其侧壁采用防火透明玻璃制作，以观察燃烧过程中烟气流动输送现象。模型隧道顶棚设置了 4 个间距为 1m 的方形顶棚集中排烟口，排烟口尺寸为 0.1m(长)×0.1m(宽)。实验中采用 0.16m(长)×0.12m(宽)×0.07m(高)的丙烷气体燃烧器模拟火源，该燃烧器能提供由质量流量计（ALICAT）控制的稳态热释放速率。

如图 6.12 所示，火源位于模型隧道的中心。在单点和两点集中排烟系统中，将两串热电偶设置在顶棚集中排烟口的正下方。在四点顶棚集中排烟系统中，在火源周围打开了四个集中排烟口。两串热电偶分别用于测量位置（Ⅰ）和位置（Ⅱ）的垂直温度分布，如图 6.12（b）所示，热电偶测量精度为±2%，响应时间为 1s。

实验设置了三种不同的火源燃烧功率，分别为 1.5kW、3.0kW 和 4.5kW，等效为全尺寸的火源功率约为 2.6~8MW，模拟不同规模的火灾事故。共考虑了 9 个不同集中排烟风

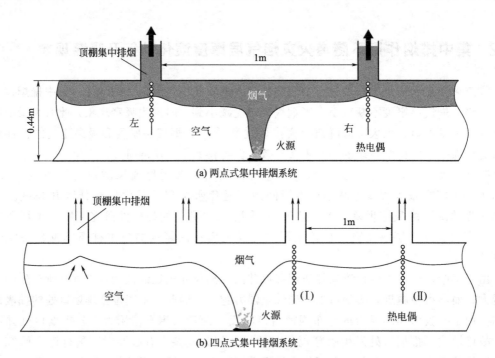

图 6.12 多点式集中排烟系统原理图

速：0.3m/s、0.6m/s、0.9m/s、1.2m/s、1.5m/s、1.8m/s、2.1m/s、2.4m/s、2.7m/s；三种点式集中排烟系统：单点、两点和四点。

实验针对不同火源功率、顶棚集中排烟速度和点式集中排烟系统共进行了 63 组实验，如表 6.2 所示。实验中，环境温度为 (15±1)℃。实验中采用烟饼模拟烟气，激光片光源来捕捉烟气的流场。如图 6.13 所示，建立了一个由 11 个热电偶组成的串（K 型），其中顶部 8 个热电偶的间距为 1cm，下方 3 个热电偶间距为 2cm，热电偶最高位置在一个集中排烟口正下方，距离排烟口 1cm。在另一个集中排烟口处，设置一个 42cm 高的刻度尺来测量烟气层厚度，最高位置处同样距离集中排烟口 1cm。根据不同火源功率（1.5kW、3.0kW 和 4.5kW）下，所得到的垂直温度值也可以计算出烟气层厚度。

表 6.2 隧道火灾烟气层吸穿机制实验工况

序号	热释放速率/kW	集中排烟口数量	集中排烟风速/(m/s)						
1~7	1.5	1	0.9	1.2	1.5	1.8	2.1	2.4	2.7
8~14		2	0.9	1.2	1.5	1.8	2.1	2.4	2.7
15~21		4	0.3	0.6	0.9	1.2	1.5	1.8	2.1
22~28	3.0	1	0.9	1.2	1.5	1.8	2.1	2.4	2.7
29~35		2	0.9	1.2	1.5	1.8	2.1	2.4	2.7
36~42		4	0.3	0.6	0.9	1.2	1.5	1.8	2.1
43~49	4.5	1	0.9	1.2	1.5	1.8	2.1	2.4	2.7
50~56		2	0.9	1.2	1.5	1.8	2.1	2.4	2.7
57~63		4	0.3	0.6	0.9	1.2	1.5	1.8	2.1

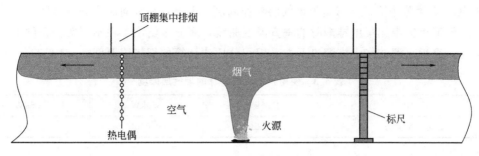

图6.13 刻度尺测量烟气层厚度

6.2.2 烟气层厚度测量与模型计算

图6.14给出了无顶棚集中排烟系统影响的情况下，火源功率在1.5~4.5kW范围内的竖向温度分布。从图6.14中可以看出，上层浮力烟气层的温度随火源功率的增加而升高。

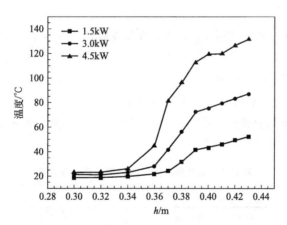

图6.14 无集中排烟系统下的竖向温度分布

实验采用积分比法和类内方差法计算烟气层厚度。本研究未选择N-百分比法原则[41]，因为在N-百分比法中，N值的选择有一定的主观因素。一般情况下，N-百分比法准则适用于长宽比不大的舱室，而对于隧道结构中，远离火源位置，上层浮力烟气层与下层冷空气层的界面不太明显，因而不太适合本实验。

积分比法原理是分别对不同高度的上下层求取温度的积分比，当总积分比最小时即为烟气层高度[63,64]，公式如下所示。

上层烟气温度积分比为：

$$r_u = \frac{1}{(H-H_{int})^2} \int_{H_{int}}^{H} T(z) dz \int_{H_{int}}^{H} \frac{1}{T(z)} dz \tag{6.14}$$

下层空气温度积分比：

$$r_l = \frac{1}{H_{int}^2} \int_{0}^{H_{int}} T(z) dz \int_{0}^{H_{int}} \frac{1}{T(z)} dz \tag{6.15}$$

总积分比为：

$$r_{t0} = r_u + r_l = f(z) \tag{6.16}$$

式中，H 为隧道高度；H_{int} 为烟气层界面高度；$T(z)$ 是竖向温度分布函数。

根据隧道火灾中无集中排烟时的垂直温度曲线，表 6.3 给出了在不同实验条件下，无集中排烟时，靠近火源的集中排烟口下方采用积分比法计算的烟气层厚度。

表 6.3　使用积分比法计算的烟气层厚度

HRR	1.5kW	3.0kW	4.5kW
烟气层厚度/m	0.05m	0.06m	0.07m

本实验还运用类内方差法计算烟气层和空气层的分界阈值。在阈值 T_0 的分类下，烟气类和空气类的类内方差 σ_i 的定义为：

$$\sigma_i^2 = \omega_s \sigma_s^2 + \omega_a \sigma_a^2 \tag{6.17}$$

式中，ω_s 为烟气存在的概率密度；ω_a 为空气区域的概率密度；σ_s^2 为烟气类中温度数据的方差；σ_a^2 为空气类中温度数据的方差。

烟气类和空气类的类间方差 σ_b 的定义为：

$$\sigma_b^2 = \omega_s \omega_a (\mu_s - \mu_a)^2 \tag{6.18}$$

式中，类内方差 σ_i、类间方差 σ_b 以及所有温度数据的方差 σ^2 之间的关系为：

$$\sigma_i^2 = \sigma^2 - \sigma_b^2 \tag{6.19}$$

则最佳分界阈值 T_d 可表示为：

$$\sigma_i^2(T_d) = \min \sigma_i^2(T) = \min[\omega_s(T)\sigma_s(T)^2 + \omega_a(T)\sigma_a(T)^2] \tag{6.20}$$

根据无顶棚集中排烟隧道火灾中的垂直温度分布测量数据，表 6.4 给出了在不同实验条件下采用类内方差法计算的烟气层厚度。

表 6.4　使用类内方差法计算的烟气层厚度

HRR	1.5kW	3.0kW	4.5kW
烟气层厚度/m	0.05m	0.06m	0.07m

图 6.15 为使用刻度尺测量集中排烟口下方在不同火源功率时的烟气层厚度。图 6.16 比较了使用不同方法得出的烟气层厚度。结果表明，积分比法和类内方差法计算的烟气层厚度与使用刻度尺目测的值吻合较好。因此，积分比法和类内方差法可用于计算隧道顶棚下方的热烟气层厚度。

6.2.3　隧道火灾烟气层厚度演化特征与吸穿现象

采用单点顶棚集中排烟系统，在 1.5kW 的火源功率下，图 6.17 中使用激光片光源获得了不同顶棚集中排烟速度下排烟口下方烟气流动的图像。在没有集中排烟系统情况下 [图 6.17(a)]，烟气的流动分层是相对稳定的。通过比较不同顶棚排烟速度的情况 [图 6.17(b)~(h)]，排烟口下的烟层有明显的凹陷面积，且随着排烟速度的增加，面积增大。当顶棚排烟速度达到 2.1m/s 时，新鲜空气直接从下部空气层进入排气口，排烟口下烟气层厚度减小到 0，发生吸穿现象。

图 6.18 给出了不同点式集中排烟系统的归一化温度。其中，温度以 T_i/T_{ref} 的形式给出，T_i（$i=1,2,\cdots,8$）为每个排烟口下方的各测点的温度，T_{ref} 为同一集中排烟风速下，

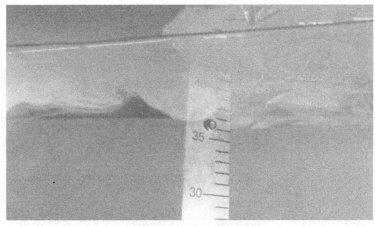

(a) 火源功率1.5kW下的烟气层厚度

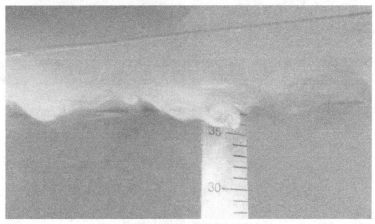

(b) 火源功率3.0kW下的烟气层厚度

图 6.15 使用刻度尺测量的烟气层厚度

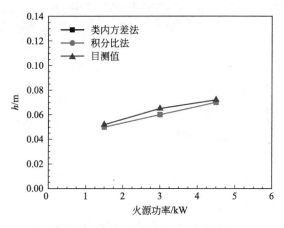

图 6.16 比较使用不同方法得到的烟气层厚度

该集中排烟口下方的最高温度。随着集中排烟风速的增加，排烟口下方的凹陷不断增大，烟气层厚度不断减小。当集中排烟风速达到一定值时，排烟口下方大量空气卷吸进集中排烟口，使温度测点位于空气之中而接近环境温度。此时发生吸穿现象且归一化温度曲线趋于定

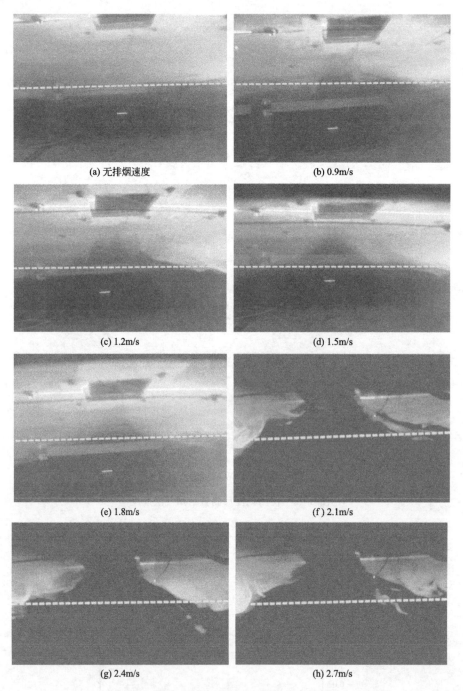

图 6.17　集中排烟口下方的烟气流动特征（火源功率=1.5kW）

值。从图 6.18（a）中可以看出，集中排烟风速为 2.1~2.7m/s 时，距离排烟口下方的 0.01~0.15m 处的 8 个热电偶的温度曲线随着排烟风速的增大，排烟口下方的烟气层温度趋于平稳，此时烟气层被吸穿，即 2.1m/s 风速为单点集中排烟口时火源功率 1.5kW 的临界吸穿风速。图 6.18（c）中火源功率为 4.5kW 时，排烟风速在 2.1m/s 时未发生吸穿现象，风速增加到 2.4m/s 时才发生吸穿现象，这表示火源功率为 4.5kW 时，排烟风速 2.4m/s 是临界吸穿风速。从图 6.18（d）~（g）中可以看出，两点集中排烟的左右两侧排烟口在同一个

第6章 集中排烟作用下隧道火灾烟气流动特性

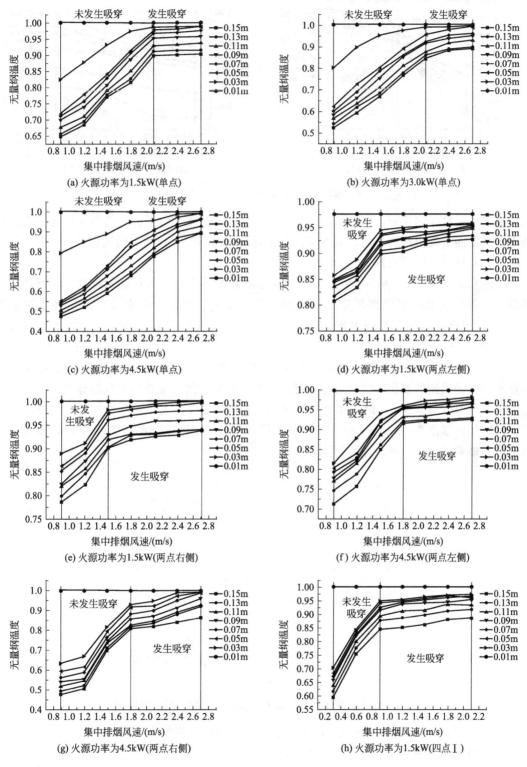

图 6.18

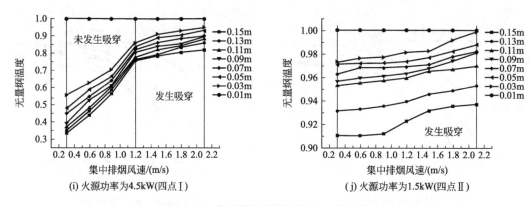

图6.18 集中排烟系统下的归一化温度

火源功率下吸穿风速相同。图6.18(j)中可看出，集中排烟口（Ⅱ）一直处于吸穿状态，这是由于开启四个集中排烟口时，前方排烟口已排出大量烟气，导致蔓延到排烟口（Ⅱ）的烟气较少，极易发生吸穿现象。

如图6.18(d)~(g)所示，由于两点集中排烟系统的左右排烟口是对称的，在顶棚集中排烟下火源两侧的临界吸穿速度基本相同。图6.18(j)显示，吸穿现象总是发生在位置（Ⅱ）处，当火源功率为1.5kW时，这种现象可以通过本模型隧道内从位置（Ⅰ）处向位置（Ⅱ）处扩散的烟气较少来解释。

图6.19显示了不同火源功率情况下烟气层厚度和隧道高度比（无量纲烟气层厚度）与单点集中排烟风速的演化关系。可见，随着排烟风速的增加，无量纲烟气层厚度减小。当无量纲烟气层厚度降低到0m时，即发生吸穿现象。当吸穿前的火源功率增加时，无量纲烟气层厚度增加。如图6.18(a)~(c)和图6.19所示，烟气层厚度和临界集中排烟风速随着单点集中排烟系统火源功率的增加而增加。

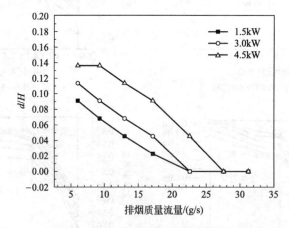

图6.19 单点集中排烟无量纲烟气层厚度随质量流量的变化

图6.20给出了多点集中排烟系统下无量纲烟气层厚度随集中排烟口个数的变化。结果表明：①当火源功率不变时，烟气厚度随顶棚集中排烟速率的增加而减小，直至烟气层厚度降至0m；②在不发生吸穿的情况下，随着顶棚集中排烟口个数的增加，无量纲烟气层厚度减小，多点集中排烟系统的临界排烟速率也相应降低。

第6章 集中排烟作用下隧道火灾烟气流动特性

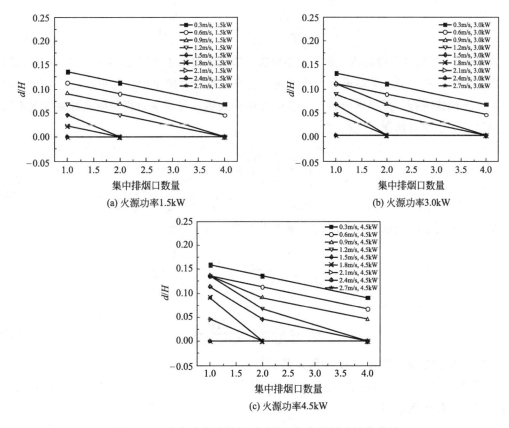

图 6.20 多点式集中排烟下无量纲烟气层厚度演化特性

6.3 纵向风和集中排烟协同作用下抑制烟气逆流的临界通风风速

当隧道火灾产生的烟气到达顶棚时会逐渐下沉并形成烟气层。在纵向风作用下,将上游烟气吹往下游,给上游人员提供安全的逃生环境。当纵向风速较小时,不足以将火源产生的烟气全部吹到下游,仍有部分烟气向上游蔓延而发生烟气回流现象。当烟气不发生回流现象时候,此时的纵向风速即为临界风速。

关于通风隧道中逆流长度与临界风速,前人已开展了大量的研究[34-37,65-74]。Thomas[65,66]提出了关于临界风速的临界弗洛德数公式,并建议当临界弗洛德数接近1时,烟气逆流长度消失:

$$Fr_c = \frac{\Delta \rho g H}{\rho_0 V_c^2} \tag{6.21}$$

Oka 和 Atkinson[72]等通过实验研究了隧道火灾的临界风速与火源功率之间的关系,研究结果表明,当火源功率达到一定值时,随着火源功率的增加,临界风速几乎保持不变,并在此基础上提出了不同无量纲火源功率下的临界风速分段函数模型:

$$V_c^* = \begin{cases} K_v \left(\dfrac{\dot{Q}^*}{0.12} \right)^{1/3} & \dot{Q}^* \leqslant 0.12 \\ K_v & \dot{Q}^* > 0.12 \end{cases} \tag{6.22}$$

$$\dot{Q}^* = \frac{\dot{Q}}{\rho_a c_p T_a \sqrt{gH^5}}, \quad V_c^* = \frac{V_c}{\sqrt{gH}}$$

式中，K_v 是实验获得的值，值的大小取决于燃烧器的尺寸和位置，在 $0.22 \sim 0.38$ 之间。

Wu 和 Bakar[73]引入了隧道水力直径的概念来替代计算模型中的隧道高度，并对火源功率以及临界风速进行了无量纲分析。实验研究结果表明，隧道水力直径能更好地预测不同隧道截面尺寸下的临界风速 [式(6.23)]。

$$V_c^* = \begin{cases} 0.4\left(\dfrac{\dot{Q}^*}{0.2}\right)^{1/3} & \dot{Q}^* \leqslant 0.2 \\ 0.4 & \dot{Q}^* > 0.2 \end{cases} \quad (6.23)$$

其中，考虑了隧道水力直径时的无量纲火源功率可表示为：

$$\dot{Q}^* = \frac{\dot{Q}}{\rho_a c_p T_a \sqrt{g\overline{H}^5}}, \quad V_c^* = \frac{V_c}{\sqrt{g\overline{H}}}$$

隧道水力直径的公式为：

$$\overline{H} = 4\frac{A}{X} = 2\frac{WH}{(W+H)} \quad (6.24)$$

式中，W 为隧道的宽度；H 为隧道的高度。

Li 等[36]在两个不同截面的模型隧道开展火灾实验，发展并提出了隧道火灾中的临界风速与火源功率的关系模型：

$$V_c^* = \begin{cases} 0.81\dot{Q}^{*1/3} & \dot{Q}^* \leqslant 0.15 \\ 0.43 & \dot{Q}^* > 0.15 \end{cases} \quad (6.25)$$

其中

$$\dot{Q}^* = \frac{\dot{Q}}{\rho_a c_p T_a \sqrt{gH^5}}, \quad V_c^* = \frac{V_c}{\sqrt{gH}}$$

2012 年，Lee 和 Tsai[69]研究了隧道内存在车辆障碍物时，障碍物阻塞比对临界风速的影响。研究发现隧道临界风速随着车辆阻塞比的增大而减小。中南大学易亮等[71]在 1∶10 比例模型中研究了纵向通风隧道临界风速随隧道坡度的变化关系，研究发现，随着隧道坡度由 -3% 增加到 3%，临界速度逐渐减小，根据实验结果，提出了隧道临界风速与隧道坡度之间的关系。重庆大学翁庙成等[74]提出了考虑不同隧道横截面尺寸和倾角影响的无量纲临界速度模型。

上述临界速度模型的建立，主要源于纵向通风隧道，考虑的因素主要有隧道几何形状、隧道坡度以及车辆障碍物等。集中排烟控制模式广泛应用于现代隧道排烟控制设计中。顶棚集中排烟系统会影响烟气扩散，也会诱导产生局部的纵向风速，从而影响抑制烟气逆流现象发生的临界风速。因此，量化纵向风与集中排烟协同作用下抑制烟气回流的临界风速对于协同排烟作用下烟气控制具有非常重要作用。目前国内外关于纵向风与集中排烟协同作用下临界风速特征规律的相关研究还比较少。

唐飞等通过模型隧道火灾燃烧实验来揭示纵向风与集中排烟协同作用下抑制烟气回流的临界风速演化特征及其无量纲预测模型。

6.3.1 实验设计

实验在1∶20模型隧道中进行,模型隧道的尺寸为8m(长)×0.34m(宽)×0.44m(高),在隧道顶棚设置了一个点式集中排烟口(0.1m×0.1m)。在隧道左端安装有风机用于提供纵向通风,通过调节变频风机来控制纵向通风风速。火源采用丙烷气体燃烧器[尺寸为0.16m(长)×0.12m(宽)×0.07m(高)],其质量流量由质量流量计控制。燃烧器安装在隧道集中排烟口正下方。采用K型铠装热电偶(直径为0.5mm)对隧道顶棚下的烟气温度进行测量。隧道顶棚下方沿纵向安装52个热电偶(间隔0.1m),以顶棚集中排烟口为起点,1个热电偶放置在排烟口正下方,43个热电偶放置在上游,8个热电偶放置在下游,见图6.21。

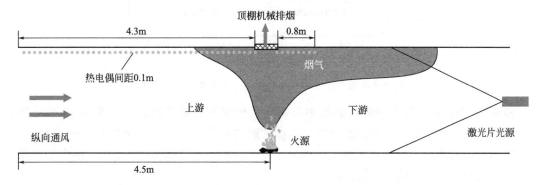

图6.21 纵向风与集中排烟协同作用下临界风速研究实验示意图

为了研究顶棚集中排烟与纵向通风耦合作用下临界风速的演化特征,设计了如下实验工况:考虑了10种不同的顶棚机械排风速度(0~2.7m/s)和12种不同的火源热释放速率(1.5~18kW),如表6.5所示,基于Froude模型相似准则,实验设计的等效全尺寸风速和火源功率分别为0~12m/s及2.6~32MW。

表6.5 实验工况

序号	顶棚集中排烟风速/(m/s)	热释放速率/kW
0~12	0	1.5;3.0;4.5;6.0;7.5;9.0;10.5;12;13.5;15;16.5;18
13~24	0.3	1.5;3.0;4.5;6.0;7.5;9.0;10.5;12;13.5;15;16.5;18
25~36	0.6	1.5;3.0;4.5;6.0;7.5;9.0;10.5;12;13.5;15;16.5;18
37~48	0.9	1.5;3.0;4.5;6.0;7.5;9.0;10.5;12;13.5;15;16.5;18
49~60	1.2	1.5;3.0;4.5;6.0;7.5;9.0;10.5;12;13.5;15;16.5;18
61~72	1.5	1.5;3.0;4.5;6.0;7.5;9.0;10.5;12;13.5;15;16.5;18
73~84	1.8	1.5;3.0;4.5;6.0;7.5;9.0;10.5;12;13.5;15;16.5;18
85~96	2.1	1.5;3.0;4.5;6.0;7.5;9.0;10.5;12;13.5;15;16.5;18
97~108	2.4	1.5;3.0;4.5;6.0;7.5;9.0;10.5;12;13.5;15;16.5;18
109~120	2.7	1.5;3.0;4.5;6.0;7.5;9.0;10.5;12;13.5;15;16.5;18

6.3.2 纵向风和集中排烟作用下烟气蔓延特征

图6.22为只有纵向风影响下的顶棚烟气蔓延特征。从图6.22中可以看出,当纵向风速

为0m/s时，隧道上游顶棚烟气温度随着纵向蔓延，烟气温度逐渐降低。随着纵向风速的增加，顶棚烟气最高温度明显降低，且烟气向上游逆流的长度不断变短，直至减少到0。

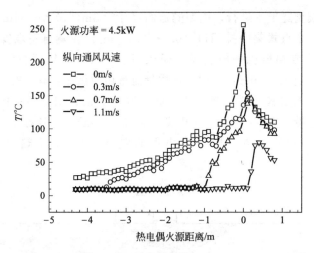

图6.22　纵向风作用下顶棚烟气蔓延特征（顶部集中排烟风速为0m/s）

图6.23为顶棚烟气在纵向风和集中排烟共同作用下的蔓延特征。从图6.23中可以看出，集中排烟风速的变化对顶棚最高烟气温度的影响不大；当纵向风速为0.7m/s时，随着集中排烟风速的增加，烟气向上游逆流的长度不断变短，对比图6.22可知，集中排烟相对纵向风来说对烟气蔓延的影响程度较小。

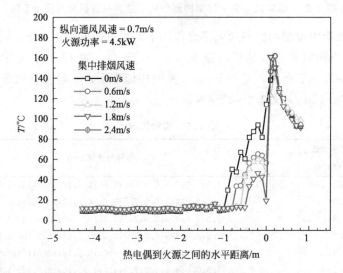

图6.23　集中排烟作用下顶棚烟气蔓延特征（纵向通风风速为0.7m/s）

6.3.3　纵向风和集中排烟作用下临界风速特征

图6.24为集中排烟风速0.6m/s，纵向风速0.5m/s情况下顶棚烟气温度分布特征，根据顶棚纵向烟气温度分布可以分析得到烟气的逆流长度。顶棚温度分布与逆流长度如图6.24(a)所示，记录了相邻的K型铠装热电偶（如热电偶A和热电偶B）之间的温升。当热电偶B的测量温度非常接近环境温度，而热电偶A的温度明显高于热电偶B时，判定热

烟气只扩散到热电偶 A 的位置，烟气的逆流长度是热电偶 A 与火源之间的距离。如图 6.24(a) 所示，烟气的逆流长度（热羽流逆流长度）为 1.2m。

如图 6.24(b) 所示，随着隧道纵向通风速度的不断提高，烟气逆流长度不断减小，当烟气逆流长度减小为 0m 时，逆流现象消失。

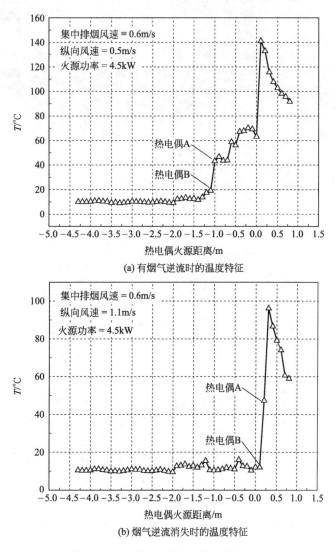

图 6.24　烟气温度法判定烟气逆流长度

图 6.25 为火源功率 3.0kW 时不同纵向通风速度作用下烟气在激光片光源下的流动特征。可以清楚地看出，当纵向通风速度为 0.55m/s 时，烟气的逆流长度为 0m。该纵向风速是抑制烟气逆流的临界风速，这意味着临界风速可以确保隧道火源上游没有烟气，提供安全的逃生环境。

图 6.26 给出了不同集中排烟速度作用下临界风速的变化特征。从图中可发现：①纵向风与集中排烟协同作用下抑制烟气回流的临界风速随隧道火源功率的增加而增加。②纵向风与集中排烟协同作用下抑制烟气回流的临界风速随着顶棚集中排烟风速的增加而减小，这是由于隧道顶棚集中排烟排出大量热烟气，从而降低了抑制烟气回流的临界风速。

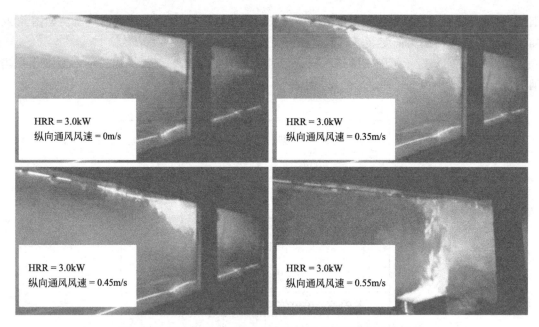

图 6.25 无集中排烟系统时烟气在激光片光源下的流动特征

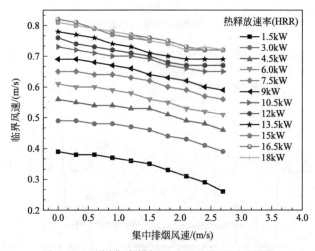

图 6.26 不同集中排烟风速下的临界风速特征

图 6.27 描述了无顶棚集中排烟的临界 Froude 数 [式(6.21)] 与无量纲火源功率之间的关系。结果表明,当无量纲火源功率 $\dot{Q}^* < 0.13$ 时,临界弗劳德数 (Fr_c) 几乎为 1,与 Thomas 的预测值基本一致[65,66]。但当无量纲火源功率 $\dot{Q}^* > 0.13$ 时,临界弗劳德数呈现线性增加的关系。

$$Fr_c = \begin{cases} 1 & \dot{Q}^* \geqslant 0.13 \\ 1+4.3(\dot{Q}^*-0.13) & \dot{Q}^* \geqslant 0.13 \end{cases} \quad (6.26)$$

图 6.28 为无量纲临界风速与以往无集中排烟影响下临界风速模型的对比。图中分别以隧道高度 H 以及水力直径 $\overline{H}$ 为特征长度。实验结果分别与 Oka 和 Atkinson 模型[72]、Wu 和 Bakar 模型[73]、Li 模型[36]进行了对比。实验中的燃烧器尺寸和在隧道内的布置位置与 Oka 试验中的 5 号燃烧器相似,所以用 $K_V = 0.35$ 进行了计算。如图 6.28 所示,当隧道高

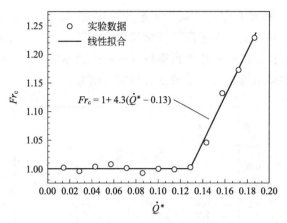

图 6.27 无集中排烟作用下临界弗劳德数与无量纲火源功率之间的关系

度 H 作为特征长度时,实验结果高于 Li 模型的预测值。这可能是由于隧道横截面系数的影响,在本实验中断面系数 $\zeta>1$ ($\zeta=W/H$),而 Li 实验[36]的横截面系数是 $\zeta\leqslant1$。本实验结果与翁庙成[74]研究的不同横截面系数的实验一致。另外,实验值大于 Oka 和 Atkinson 模型[72]、Wu 和 Bakar 模型[73]的预测值,而以水力直径为特征长度时,测量结果与 Li 模型吻合较好。基于 Li 模型的修正临界风速预测模型可以表示如下:

$$V_c^* = \begin{cases} 0.81\dot{Q}^{*1/3} & \dot{Q}^* \leqslant 0.13 \\ 0.42 & \dot{Q}^* > 0.13 \end{cases} \tag{6.27}$$

其中:

$$\dot{Q}^* = \frac{\dot{Q}}{\rho_0 c_p T_a \sqrt{g\overline{H}^5}}, \quad V_c^* = \frac{V_c}{\sqrt{g\overline{H}}}$$

实验结果发现 $\dot{Q}^*>0.13$ 时,无量纲临界风速不变。当 $\dot{Q}^*<0.13$ 时,隧道内无量纲临界风速随无量纲火源功率 $\dot{Q}^{*1/3}$ 的增加而增大。

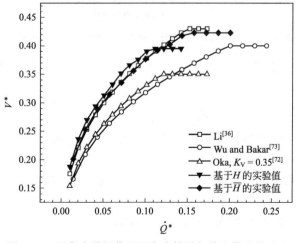

图 6.28 无集中排烟作用下实验结果与前人模型的对比

为量化研究协同排烟作用下顶棚集中排烟对隧道内抑制烟气逆流的临界风速的影响,图 6.29 给出了临界风速在有无顶棚集中排烟作用下的比值,发现顶棚集中排烟速度对临界风速有很大的影响。图 6.30 给出了在不同的排烟质量流量下,无量纲临界风速实验测量值与模型预测值的比较。结果表明,在不同的排烟质量流量下,大部分实验结果均高于修正模型的预测值,表明修正后模型的临界速度预测值不适用于顶棚集中排烟模式情况,同时修正模型的预测值与实验值的差值随排烟质量流量的增加而增大。

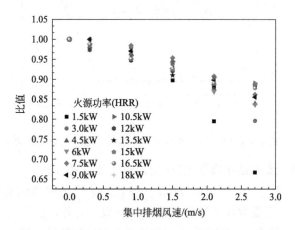

图 6.29 临界风速与集中排烟及无集中排烟的比值

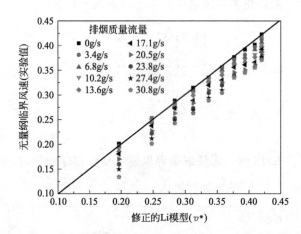

图 6.30 比较在不同排烟流量下实验值与 Li 模型预测值

从前面章节可知,隧道顶部的集中排烟会排出部分热量。隧道内的实际火源功率($\dot{Q}_a$)[75]:

$$\dot{Q}_a = \dot{Q} - c_p \dot{m} \Delta T_{max} \tag{6.28}$$

顶棚集中排烟所引起的排烟质量流量可通过以下方法计算:

$$\dot{m} = \rho V S \tag{6.29}$$

式中,V 为顶棚集中排烟速度,m/s;S 是顶棚集中排烟口面积,m²;ΔT_{max} 是火灾下的顶棚最高温升,K。式(6.29) 中,$\rho/\rho_0 = T_0/T$。

将式(6.28) 和式(6.29) 代入式(6.27),得出:

$$\dot{Q}^{**} = \frac{\dot{Q} - c_p \rho V S \Delta T_{max}}{\rho_a c_p T_a \sqrt{g \overline{H}^5}} \tag{6.30}$$

因此,纵向风与隧道顶部集中排烟协同作用下抑制烟气回流的临界风速的无量纲模型可以表示如下：

$$V_c^{**} = \begin{cases} 0.81\dot{Q}^{**1/3} & \dot{Q}^{**} \leqslant 0.13 \\ 0.42 & \dot{Q}^{**} > 0.13 \end{cases} \quad (6.31)$$

其中，纵向风与隧道顶部集中排烟协同作用下抑制烟气回流的无量纲临界风速为：

$$V_c^{**} = \frac{v^*}{\sqrt{g\overline{H}}} \quad (6.32)$$

式中，v^* 为在顶棚集中排烟与纵向通风耦合作用下在不同工况下测量的实际临界风速。

图 6.31 给出了临界风速实验结果与前人实验结果之间的对比。依托本章缩尺寸隧道模型建立的纵向风与隧道顶部集中排烟协同作用下抑制烟气回流的无量纲临界风速实验结果与以前的不同尺度实验（如 Memorial 隧道[76]，Runehamar 隧道[77]，小型 Gannouni 隧道[78]的结果）相比较。结果发现，本文研究和前人实验结果（隧道无顶棚集中排烟作用情况下）具有一致性，表明式(6.31)能够有效地预测有无顶棚集中排烟系统下的临界风速。

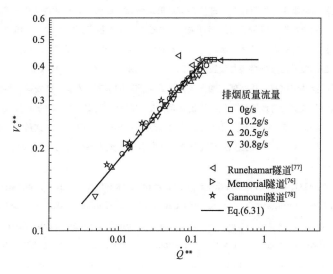

图 6.31 临界风速实验结果与前人实验结果的比较

◆ 参考文献 ◆

[1] Vauquelin O, Megret O. Smoke extraction experiments in case of fire in a tunnel. Fire Safety Journal, 2002, 37: 525-533.

[2] 吴小华, 李耀庄, 易亮, 等. 隧道集中排烟模式下火灾数值模拟研究. 安全与环境学报, 2010, 10(6): 145-149.

[3] 赵红莉, 徐志胜, 彭锦志, 等. 纵向排烟与集中排烟下烟气控制效果的对比研究. 安全与环境学报, 2012, 12(1): 196-201.

[4] Choi B I, Oh C B, Kim M B, et al. A new design criterion of fire ventilation for transversely ventilated tunnels. Tunneling and Underground Space Technology, 2006, 21: 277-278.

[5] 吴德兴. 特长公路隧道火灾独立排烟道点式排烟系统研究. 成都：西南交通大学, 2011.

[6] 陈龙飞. 纵向通风与顶棚集中排烟作用下隧道火灾顶棚射流行为特性研究. 合肥：中国科学技术大学, 2016.

[7] Yi L, Wei R, Peng J Z, et al. Experimental study on heat exhaust coefficient of transversal smoke extraction system in tunnel under fire. Tunnelling and Underground Space Technology, 2015, 49: 268-278.

[8] Ingason H, Li Y Z. Model scale tunnel fire tests with point extraction ventilation. Journal of Fire Protection Engineering, 2011, 21 (5): 5-36.

[9] 李想. 集中排烟模式下长大公路隧道火灾及人员安全疏散研究. 杭州：浙江大学, 2008.

[10] 张玉春, 何川, 曾艳华, 等. 特长公路隧道集中排烟方式研究. 防灾减灾工程学报, 2009, 29 (6): 663-667.

[11] 姜学鹏, 邹继辉, 刘梅佳. 集中排烟速率对隧道烟气热分层的影响. 燃烧科学与技术, 2015, 21 (4): 333-339.

[12] 毛少华. 烟气中性面的理论模型及实验研究. 合肥：中国科学技术大学, 2012.

[13] 唐海峰. 坡度和活塞风对地铁长区间隧道火灾点式排烟的影响. 成都：西南交通大学, 2017.

[14] 刘洪义, 倪天晓, 张新. 集中排烟公路隧道排烟阀下方烟气层吸穿现象研究. 铁道科学与工程学报, 2012, 9 (3): 77-82.

[15] Wang Y F, Tan P N, Zhang B, et al. Thermal buoyant smoke back-layering length in a naturally ventilated tunnel with vertical shafts. Applied Thermal Engineering, 2016, 93: 947-957.

[16] Yoon S W, Rie D H, Kim H Y. Smoke control of a fire in a tunnel with vertical shaft. Journal of Loss Prevention in the Process Industries, 2009, 22: 954-957.

[17] 高子鹤. 隧道内受限火羽流行为特征及竖井自然排烟机理研究. 合肥：中国科学技术大学, 2016.

[18] 范传刚. 隧道火灾发展特性及竖井自然排烟方法研究. 合肥：中国科学技术大学, 2015.

[19] 刘洋, 王彦富. 竖井对公路隧道自然排烟影响的试验研究. 中国安全科学学报, 2014, 07: 21-26.

[20] 王维. 城市地下公路隧道自然排烟竖井设置. 消防科学与技术, 2013, 06: 598-601.

[21] 温云峰. 自然通风竖井结构对地铁区间隧道火灾排烟效果的影响研究. 西安：西安建筑科技大学, 2013.

[22] 胡漪. 自然通风竖井长宽比对地铁区间隧道排烟效果的影响研究. 西安：西安建筑科技大学, 2013.

[23] 韩见云, 纪杰, 王培永. 竖井横截面积对隧道自然排烟效果影响的实验研究. 火灾科学, 2013, 01: 36-43.

[24] 茅靳丰, 黄玉良, 朱培根, 等. 典型工况下城市隧道竖井自然排烟模拟优化分析. 解放军理工大学学报（自然科学版）, 2012, 04: 437-441.

[25] Ji J, Gao Z H, Fan C G, et al. Large Eddy Simulation of stack effect on natural smoke exhausting effect in urban road tunnel fires. International Journal of Heat and Mass Transfer, 2013, 66: 531-542.

[26] Takeuchi T, Aoki T, Tanaka F, et al. Modeling for predicting the temperature distribution of smoke during a fire in an underground road tunnel with vertical shafts. Fire Safety Journal, 2017, 91: 312-319.

[27] Liu F, Yu L X, Weng M C, et al. Study on longitudinal temperature distribution of fire-induced ceiling flow in tunnels with different sectional coefficients. Tunnelling and Underground Space Technology, 2016, 54: 49-60.

[28] Hu L H, Huo R, Wang H B, et al. Experimental studies on fire induced buoyant smoke temperature distribution along tunnel ceiling. Building and Environment, 2007, 42: 3905-3915.

[29] Oka Y., Imazeki O. Temperature distribution within a ceiling jet propagating in an inclined flat-ceilinged tunnel with natural ventilation. Fire Safety Journal, 2015, 71: 20-33.

[30] Ji J, Guo F Y, Gao Z H, et al. Numerical investigation on the effect of ambient pressure on smoke movement and temperature distribution in tunnel fires. Applied Thermal Engineering, 2017, 118: 663-669.

[31] Zhong M H, Shi C L, He L, et al. Smoke development in full-scale sloped long and large curved tunnel fires under natural ventilation. Applied Thermal Engineering, 2016, 108: 857-865.

[32] Tian X L, Zhong M H, Shi C L, et al. Full-scale tunnel fire experimental study of fire-induced smoke temperature profiles with methanol-gasoline blend. Applied Thermal Engineering, 2017, 116: 233-243.

[33] Weng M C, Lu X L, Liu F, et al. Prediction of backlayering length and critical velocity in metro tunnel fires.

Tunnelling and Underground Space Technology, 2015, 47: 64-72.

[34] 胡隆华. 隧道火灾烟气蔓延的热物理特性研究. 合肥: 中国科学技术大学, 2006.

[35] Tanaka F, Takezawa K, Hashimoto Y, et al. Critical velocity and backlayering distance in tunnel fires with longitudinal ventilation taking thermal properties of wall materials into consideration. Tunnelling and Underground Space Technology, 2018, 75: 36-42.

[36] Li Y Z, Lei B, Ingason H. Study of critical velocity and backlayering length in longitudinally ventilated tunnel fires. Fire Safety Journal, 2010, 45（6）: 361-370.

[37] 唐伟. 纵向风作用下障碍物对隧道火灾烟气最高温度及逆流行为的影响研究. 合肥: 中国科学技术大学, 2014.

[38] 李连健. 纵向风和集中排烟协同作用下隧道火灾烟气蔓延特性及分层稳定性研究. 合肥: 合肥工业大学, 2017.

[39] 阳东. 狭长受限空间火灾烟气分层与卷吸特性. 合肥: 中国科学技术大学, 2010.

[40] 赵冬. 纵向通风对隧道火灾烟气温度分布特征影响研究. 长沙: 中南大学, 2013.

[41] Hu L H, Chen L F, Tang W. A global model on temperature profile of buoyant ceiling gas flow in a channel with combining mass and heat loss due to ceiling extraction and longitudinal forced air flow. International Journal of Heat and Mass Transfer, 2014, 79: 885-892.

[42] Kunsch J P. Simple model for control of fire gases in a ventilated tunnel. Fire Safety Journal, 2002, 7（1）: 67-81.

[43] Kunsch J P. Critical velocity and range of a fire-gas plume in a ventilated tunnel. Atmospheric Environment, 1999, 33（1）: 13-24.

[44] Hinkley P L. The flow of hot gases along an enclosed shopping mall: A tentative theory. Fire Research Note No. 807, Fire Research Station, 1970.

[45] 王浩波, 纪杰, 钟委, 等. 长通道内烟气一维水平蔓延阶段质量卷吸系数的实验研究. 工程力学, 2009, 26（11）: 247-251.

[46] Hu L H, Tang F, Yang D, et al. Longitudinal distributions of CO concentration and difference with temperature field in a tunnel fire smoke flow. International Journal of Heat and Mass Transfer, 2010, 53: 2844-2855.

[47] Shi C L, Li Y Z, Huo R, et al. Mechanical smoke exhaust for small retail shop fires. International Journal of Thermal Sciences, 2005, 44: 477-490.

[48] Lassus J, Courty L, Garo J P, et al. Ventilation effects in confined and mechanically ventilated fires. International Journal of Thermal Sciences, 2014, 75: 87-94.

[49] Chen L F, Hu L H, Zhang X L, et al. Thermal buoyant smoke back-layering flow length in a longitudinal ventilated tunnel with ceiling extraction at difference distance from heat source. Applied Thermal Engineering, 2015, 78: 129-135.

[50] Tanaka F, Majima S, Kato M, et al. Performance validation of a hybrid ventilation strategy comprising longitudinal and point ventilation by a fire experiment using a model-scale tunnel. Fire Safety Journal, 2015, 71: 287-298.

[51] Mei F Z, Tang F, Ling X, et al. Evolution characteristics of fire smoke layer thickness in a mechanical ventilation tunnel with multiple point extraction. Applied Thermal Engineering, 2017, 111: 248-256.

[52] Zhang X C, Guo Z M, Tao H W, et al. Maximum temperature of thermal plume beneath an unconfined ceiling with different inclination angles induced by rectangular fire sources. Applied Thermal Engineering, 2017, 176: 349-357.

[53] Zhang X C, Tao H W, Xu W B, et al. Flame extension lengths beneath an inclined ceiling induced by rectangular-source fires. Combustion and Flame, 2017, 120: 239-246.

[54] 梅凤珠. 集中排烟模式下隧道火灾烟气层卷吸行为与特征参数演化研究. 合肥: 合肥工业大学, 2018.

[55] Jiang X P, Liu M J, Wang J, et al. Study on air entrainment coefficient of one-dimensional horizontal move-

ment stage of tunnel fire smoke in top central exhaust. Tunnelling and Underground Space Technology, 2016, 60: 1-9.

[56] You H Z, Faeth G M. An investigation of fire plume impingement on a horizontal ceiling 2- Impingement and ceiling-jet regions. Fire and Material, 1985, 9: 46-56.

[57] Ellison T H, Turner J S. Turbulent entrainment in stratified flows. Journal of Fluid Mechanics, 1959, 6: 423-448.

[58] Chow W K. Determination of the smoke layer interface height for hot smoke tests in big halls. Journal of Fire Sciences, 2009, 27: 125-142.

[59] Cooper L Y. Smoke and heat venting, SFPE Handbook of Fire Protection Engineering, third ed., Society of Fire Protection Engineers and National Fire Protection Association, Boston, MA, USA, 2002 (Chapters 3-9).

[60] Ji J, Gao Z H, Fan C G, et al. A study of the effect of plug-holing and boundary layer separation on natural ventilation with vertical shaft in urban road tunnel fires. International Journal of Heat and Mass Transfer, 2012, 55: 6032-6041.

[61] 姜学鹏, 袁月明, 李旭. 隧道集中排烟速率对排烟口下方烟气层吸穿现象的影响. 安全与环境学报, 2014, 02 (14): 36-40.

[62] Li L J, Tang F, Dong M S, et al. Effect of ceiling extraction system on the smoke thermal stratification in the longitudinal ventilation tunnel. Applied Thermal Engineering, 2016, 109: 312-317.

[63] He Y, Fernando A, Luo M. Determination of interface height from measured parameter profile in enclosure fire experiment. Fire Safety Journal, 1998, 31: 19-38.

[64] Beard A, Carvel R. Handbook of tunnel fire safety. Second edition, Part I: Real tunnel fires, ICE publishing, 2011.

[65] Thomas P H. The movement of buoyant fluid against a stream and venting of underground fires, Fire Research Note, No. 351, Fire Research Station, Watford, UK, 1958.

[66] Thomas P H. The movement of smoke in horizontal passages against an air flow, Fire Research Note, No. 723, Fire Research Station, Watford, UK, 1968.

[67] Ko G H, Kim S R, Ryou H S. An experimental study on the effect of slop on critical velocity in tunnel fires. Journal of Fire Sciences, 2010, 28: 27-47.

[68] Tsai K C, Lee Y P, Lee S K. Critical ventilation velocity for tunnel fires occurring near tunnel exits. Fire Safety Journal, 2011, 46: 556-557.

[69] Lee Y P, Tsai K C. Effect of vehicular blockage on critical ventilation velocity and tunnel fire behavior in longitudinally ventilated tunnels. Fire Safety Journal, 2012, 53: 35-42.

[70] Tang W, Hu L H, Chen L F. Effect of blockage-fire distance on buoyancy driven back-layering length and critical velocity in a tunnel: an experimental investigation and global correlations. Applied Thermal Engineering, 2013, 60: 7-14.

[71] Yi L, Xu Q Q, Xu Z S, et al. An experimental study on critical velocity in sloping tunnel with longitudinal ventilation under fire. Tunnelling and Underground Space Technology, 2014, 43: 198-203.

[72] Oka Y, Atkinson G T. Control of Smoke Flow in Tunnel Fires. Fire Safety Journal, 1995, 25: 305-322.

[73] Wu Y, Baker M Z A. Control of smoke flow in tunnel fires using longitudinal ventilation systems-a study of the critical velocity. Fire Safety Journal, 2000, 35: 363-390.

[74] Weng M C, Lu X L, Liu F, et al. Study on the critical velocity in a sloping tunnel fire under longitudinal ventilation. Applied Thermal Engineering, 2016, 94: 422-434.

[75] Tang F, Li L J, Dong M S, et al. Characterization of buoyant flow stratification behaviors by Richardson

(Froude) number in a tunnel fire with complex combination of longitudinal ventilation and ceiling extraction. Applied Thermal Engineering, 2017, 110: 1021-1028.

[76] Kile G W, Gonzalez J A. The Memorial tunnel fire ventilation test program: the longitudinal and natural tests. ASHRAE Transactions, 1997, 103: 701-713.

[77] Ingason H, Li Y Z, Lönnermark A. Runehamar tunnel fire tests. Fire Safety Journal, 2015, 71: 134-149.

[78] Gannouni S, Maad R B. Numerical study of the effect of blockage on critical velocity and backlayering length in longitudinally ventilated tunnel fires. Tunnelling and Underground Space Technology, 2015, 48: 147-155.

第 7 章
细水雾作用下地铁列车火灾烟气蔓延特性

火灾扑救是地铁消防安全研究的一个重要课题。许多专家和学者提出在地铁车站安装自动灭火系统，希望尽量在火灾初期进行扑救，从而把事故损失降到最低。传统水喷淋系统耗水量比较大[1-2]，并且对水源和排水系统的要求比较高，因此，水喷淋系统在地铁中的应用存在一定的局限性。气体灭火介质受强制通风的影响比较大，在强制通风的情况下往往难以发挥作用，因此，新型清洁高效灭火技术中细水雾成为值得考虑的对象之一。

细水雾灭火技术[3-8]是水雾喷头在一定的高压作用下射流，水雾化成雾滴，由于雾滴粒径极小，细水雾具有冷却、窒息和阻隔热辐射的作用，可起到快速抑制火焰和防止火焰蔓延的效果。细水雾以其清洁、高效、环境友好等优点成为一种新型火灾扑救技术，但能否应用于地铁火灾扑救是一个值得深入研究的课题[9-10]。现阶段细水雾在地铁车站的应用主要出现在欧洲一些国家，如西班牙的马德里早在 1996 年就开始应用细水雾系统。国内对细水雾灭火系统的研究起步较晚，将其应用到地铁车站还处于研究阶段，无应用先例。

胡隆华、孟娜等[11]把细水雾火灾扑救系统引入地铁火灾扑救中，针对着火列车停靠车站，设计了一种站台区域隧道轨行区的细水雾喷头布置方案，通过开启细水雾系统对列车火灾进行扑救。而对于着火列车停靠地铁车站这一特殊火灾场景下应用细水雾系统进行火灾扑救时，细水雾火灾扑救系统对火灾烟气在隧道和站台关键结合部位的蔓延特性又会产生怎样的影响？与此同时，隧道中往往存在纵向通风（纵向风），纵向通风的存在对细水雾和火灾烟气运动也将产生一定的影响，那么研究列车火灾时细水雾和纵向风耦合作用下，火灾烟气在隧道和站台关键结合部位的蔓延特性对地铁车站消防安全研究具有重要意义。本章通过设计全尺寸实验台，开展了一系列实验，对列车火灾停靠车站时应用细水雾系统进行火灾扑救，在细水雾和纵向风耦合作用下，火灾烟气在隧道和站台关键结合部位的蔓延特性开展研究。

对于狭长空间细水雾灭火的研究，现阶段主要从全尺寸实验、小尺寸实验和数值模拟三个方面开展研究。

为了研究细水雾系统在隧道中的应用性能，细水雾研发者和制造机构在隧道开展了大量的大尺寸实验研究[12-17]。Simens 建筑技术部门[18,19]在隧道内开展了大量细水雾灭火实验，主要研究了细水雾作用下的温度场变化。日本 Kajima[20,21]公司建立了大尺度的实验模型，研究细水雾形成水幕后，细水雾水幕对火灾烟气的阻隔作用，见图 7.1。Ingason[22]建立 1∶23 的缩尺寸隧道模型，开展了纵向通风条件下细水雾抑制木垛火的模拟实验，见图 7.2。

国内细水雾灭火这方面的研究起步相对较晚，中国科学技术大学在这方面开展了较多研究。中国科学技术大学的朱伟对[23]细水雾抑制狭长空间火灾开展了研究，得到了纵向通风对雾滴运动的影响规律，还对纵向通风条件下细水雾抑制木垛火火焰的作用过程开展了

第7章 细水雾作用下地铁列车火灾烟气蔓延特性

图 7.1 Kajima 公司的实验装置[19-20]

图 7.2 Ingason 的缩尺寸实验装置[21]

研究。中国科学技术大学李权威[24]针对狭长空间细水雾抑制油池火开展了实验研究，在对隧道临界纵向风速分析的基础上提出了细水雾作用条件下的预测模型，并通过实验对模型进行了验证；李权威还通过小尺度模拟实验对细水雾抑制、熄灭油池火的机理开展了研究。

7.1 全尺寸实验设计

实验在全尺寸列车火灾实验台上开展，关于实验台的主要结构在第 2 章中已经做了详细的介绍。模拟站台、模拟列车和模拟隧道区的相对位置见图 7.3。实验采用两种火源：汽油火和木垛火。汽油置于两种尺寸油盘中：$1m \times 1m \times 0.1m$ 和 $0.6m \times 0.6m \times 0.1m$。木垛由 8 层木条组成，体积大约为 $1m \times 1m \times 0.4m$，每根木条长 $1m$，横截面为 $0.05m \times 0.05m$。实验中火源分别置于模拟列车顶部、模拟列车内部和模拟列车底部，以模拟实际列车不同位置着火时的火灾场景。实验过程中考虑到木垛火不易引燃，在木垛底部放置油盘，油盘中放少量汽油作为引燃物。油盘尺寸为 $1m \times 1m \times 0.1m$ 和 $0.6m \times 0.6m \times 0.1m$ 的汽油火稳定燃烧阶段的热释放速率大约为 $1.8MW$ 和 $450kW$[25]，木垛火的热释放速率大约为 $450kW$[26]。

实验以纵向通风的方向定义火源的上游和下游，在隧道顶棚下方火源上游和下游各布置

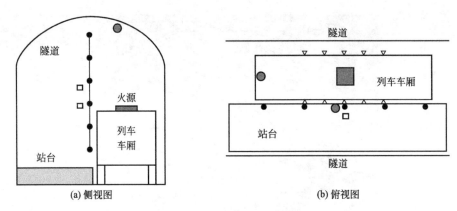

图 7.3 全尺寸实验装置示意图

一串水平热电偶串,用于测量隧道顶棚下方的烟气温度,热电偶位于顶棚下方 0.2m,水平间距 1m,见图 7.4。同时在隧道和站台结合部位布置五串竖向热电偶,每串有 6 个热电偶,竖向间距 1.2m,从右到左编号 1~5,每串之间的水平间距为 5m,最上端热电偶距隧道地面 6.8m。竖向热电偶串 3 靠近火源位置,用于测量火源附近的温度分布。实验在近火源区和远火源区分别布置气体成分测点,用于测量 CO 的浓度分布。近火源区气体成分测点布置在站台区,距隧道地面 4m,远火源区测点距隧道顶棚 0.5m,与火源之间的水平距离为 9m,见图 7.4。

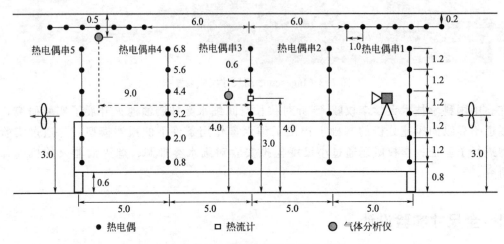

图 7.4 全尺寸实验测量系统布置示意图(m)

纵向通风系统由两台位于隧道端部的轴流风机产生,风机距隧道地面 3m。实验前通过布置风速测点,确定风机转动频率和纵向风速之间的关系,实验中纵向通风系统采用四种风速:0m/s、1m/s、3m/s 和 6m/s。

在模拟列车车厢两侧布置细水雾系统,细水雾喷头布置见图 7.5。细水雾喷头的具体参数见表 7.1。由于实验过程中火源位置是改变的,在列车车厢每侧设有两层细水雾喷头,上层每侧布置 5 个细水雾喷头,下层每侧布置 4 个细水雾喷头,喷头间距 2m,与喷头相连的水平管道分别距地面 5m 和 0.2m。当火源位于列车顶部和内部时,开启上层的细水雾喷头,细水雾向下喷射;当火源位于列车底部时,开启下层的细水雾喷头,细水雾向上喷射。

第7章 细水雾作用下地铁列车火灾烟气蔓延特性

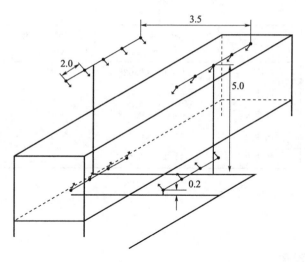

图 7.5 细水雾系统布置示意图（m）

表 7.1 细水雾喷头参数特性

项目	数据
SMD	$200\mu m$
工作压力	2.3MPa
K 系数	3.3
锥角	160°
流量	15.8L/min

实验前在对准火源位置放置 DV 拍摄系统，记录细水雾和火源的作用过程。实验过程中先开启纵向通风系统以稳定纵向气流。在点燃火源时启动各火灾参数采集系统，燃烧一段时间后开启细水雾系统。实验通过改变火源位置、火源类型和纵向通风风速共开展了 16 组实验，具体实验工况见表 7.2。

表 7.2 全尺寸实验工况

序号	火源位置	火源类型	火源体积/m	纵向通风风速/(m/s)	细水雾开启时间/s
1	车厢顶部	汽油火	1×1×0.04	0	210
2	车厢顶部	汽油火	1×1×0.04	1	210
3	车厢顶部	汽油火	1×1×0.04	3	210
4	车厢顶部	汽油火	1×1×0.04	6	210
5	车厢顶部	木垛火	1×1×0.4	0	480
6	车厢顶部	木垛火	1×1×0.4	1	480
7	车厢顶部	木垛火	1×1×0.4	3	480
8	车厢顶部	木垛火	1×1×0.4	6	480
9	车厢内部	汽油火	0.6×0.6×0.028	0	180
10	车厢内部	汽油火	0.6×0.6×0.028	1	180
11	车厢内部	汽油火	0.6×0.6×0.028	3	180

续表

序号	火源位置	火源类型	火源体积 /m	纵向通风风速 /(m/s)	细水雾开启时间 /s
12	车厢内部	汽油火	0.6×0.6×0.028	6	180
13	车厢底部	汽油火	0.6×0.6×0.028	0	180
14	车厢底部	汽油火	0.6×0.6×0.028	1	180
15	车厢底部	汽油火	0.6×0.6×0.028	3	180
16	车厢底部	汽油火	0.6×0.6×0.028	6	180

7.2 实验结果

7.2.1 典型实验现象

图 7.6 为细水雾抑制车顶汽油火的典型实验现象。从图中可以看出，细水雾施加前，火焰较高，随着纵向通风风速的增加，火焰向火源下游倾斜，并且火焰的高度不断降低。细水雾系统开启后，火焰很快包裹在水雾中，随着细水雾的持续作用，火焰的亮度和高度不断降低，直至被熄灭。

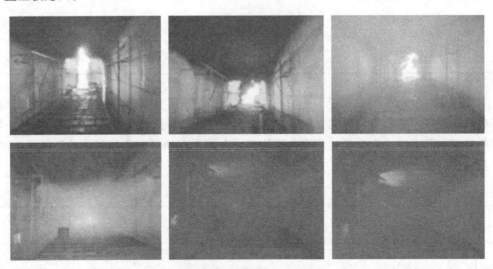

图 7.6 细水雾抑制车顶汽油火

图 7.7 给出了细水雾抑制车顶木垛火的典型实验现象，从图中可以看出，由于木垛火由少量汽油引燃，燃烧初期火焰比较高，随着汽油的燃尽，火焰高度明显下降。由于木垛火的火源功率较小，细水雾施加后，明火火焰很快被控制住，木垛表面火很快也被扑灭。

图 7.8 给出了细水雾抑制车厢内部火的实验现象，从图中可以看出，细水雾施加前，火焰从车厢内部窜出，在纵向通风的作用下偏向火源下游。实验过程中尽管细水雾不能扑灭车内火，但细水雾可以对溢出车厢的火焰起抑制作用，并最终压回车内。

图 7.9 给出了细水雾抑制车底火的实验现象，从图中可以看出，细水雾施加前火焰直接撞击列车底部，并在车底蔓延。细水雾开启后，由于细水雾与火源直接近距离作用，细水雾可穿过火焰直接到达燃料表面，因此，在纵向风较小时，细水雾可很快扑灭车底火。

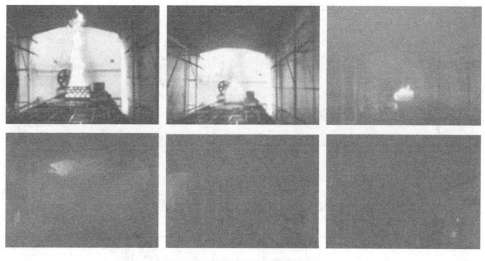

图 7.7 细水雾抑制车顶木垛火

图 7.8 细水雾抑制车内火

图 7.9 细水雾抑制车底火

从图 7.6～图 7.9 可以看出，在细水雾和纵向风的共同作用下，火灾烟气原有的热浮力驱动运动轨迹受到影响，整个隧道区和站台区都充满了烟气，火场的能见度较低。

7.2.2 温度场分布

图 7.10 给出了无纵向通风条件下，典型细水雾施加前后隧道顶棚温度变化。从图中可以看出，细水雾施加前，火源上游和下游隧道顶棚温度基本类似，顶棚温度在测点处可达到 120℃。细水雾开启后，烟气温度在 200s 时间内降至 50℃，随后在 300s 内降至 40℃，火源上下游隧道顶棚温度差别不大。

随着纵向通风的增强，火源上下游隧道顶棚温度不再呈对称分布，见图 7.11。细水雾开启前下游顶棚温度明显高于上游顶棚温度，细水雾开启后下游顶棚温度衰减更快。细水雾

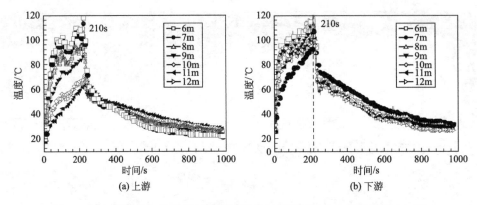

图 7.10　细水雾施加前后烟气层温度变化（车顶汽油火，纵向风速 0m/s）

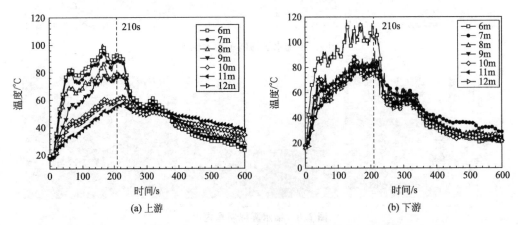

图 7.11　细水雾施加前后烟气层温度变化（车顶汽油火，纵向风速 3m/s）

施加后 200s，下游烟气温度降至 40℃，可能的原因是纵向通风不仅加速烟气向下游蔓延，同时也把更多的细水雾雾滴带至下游。

当车顶火为木垛火且纵向通风为 6m/s 时，细水雾开启后 120s 烟气层温度就降至 25℃ 左右，见图 7.12。

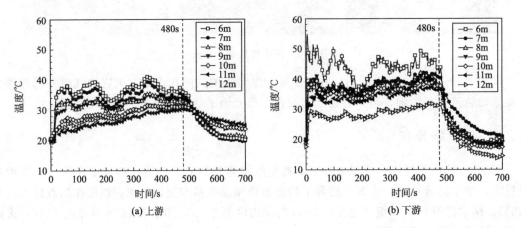

图 7.12　细水雾施加前后烟气层温度变化（车顶木垛火，纵向风速 6m/s）

图 7.13 给出了细水雾开启前后火源附近温度场变化。从图 7.13(a)～(c) 可以看出细

水雾开启前最高测点处温度最高，此位置以下不同高度处温度差比较小。细水雾开启后100s，站台区火源附近的温度降至25℃。对于车底火，受火源位置的影响，细水雾施加前最低测点处温度最高，如图7.13(d)所示，细水雾开启后很短时间内所有测点温度均低于30℃。

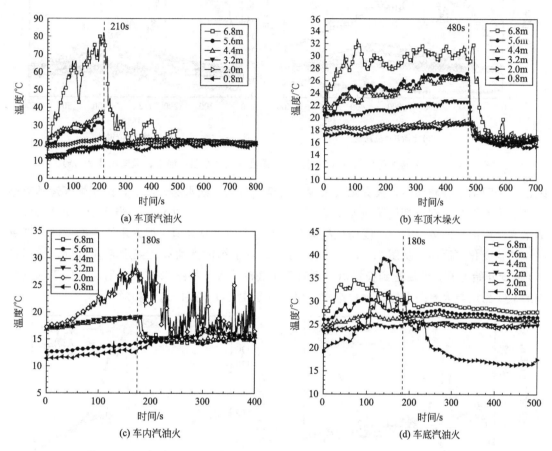

图7.13 细水雾施加前后近火源位置不同高度处温度变化（纵向风速6m/s）

图7.14给出了细水雾施加前后站台区火源上游10m位置处和火源下游10m位置处温度变化。结果表明，细水雾开启前站台区火源上游最高测点处的温度低于火源下游此高度处温度，细水雾开启后一段时间整个站台区的温度基本一致，均低于30℃。对于其他工况，由于火源功率进一步减小，烟气层的温度和站台区的温度都会大大降低，因此细水雾开启后，烟气层的温度和站台区的温度又将进一步降低。

7.2.3 CO浓度分布

图7.15给出了纵向通风为1m/s时细水雾施加前后火源附近和烟气层内CO浓度变化图。从图中可以看出，与火源位于车厢内部和车厢底部相比，火源位于车厢顶部时细水雾对CO浓度变化影响更大。从图7.15(a)可以看出，细水雾开启前，烟气层中CO浓度基本保持稳定为30μL/L，细水雾开启后，CO浓度迅速升到80μL/L，然后呈急速下降趋势，这表明在细水雾施加初期火源会产生不完全燃烧现象，但随后细水雾又可以净化烟气中的有毒气体。细水雾施加后，火源附近CO浓度几乎从0开始上升，变化相对烟气层中CO浓度要平

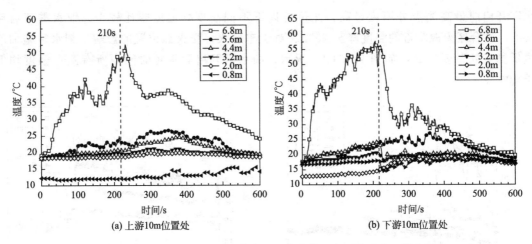

图 7.14　细水雾施加前后站台区不同高度处温度变化（车顶汽油火，纵向风速 3m/s）

缓，这表明细水雾施加前，火灾烟气很少蔓延至站台区，细水雾开启后，由于烟气运动轨迹受细水雾的影响，部分烟气蔓延至站台区。从图 7.15(b) 可以看出，当火源为木垛火时，细水雾开启前后两测点 CO 浓度变化趋势与火源为汽油火时类似，但是木垛火时 CO 浓度更高，并且变化更明显。从图 7.15(c) 可以看出，对于车内汽油火，细水雾开启后，两测点 CO 浓度开始上升，然后达到稳定值。而对于车底汽油火，如图 7.15(d) 所示，由于烟气层中的 CO 测点与火源距离比较远，细水雾对烟气层中 CO 浓度的影响相对较小。

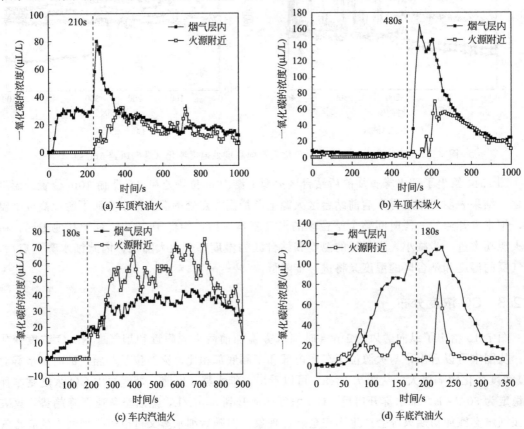

图 7.15　细水雾施加前后两测点 CO 浓度变化（纵向风速 1m/s）

图 7.16 给出了不同纵向通风条件下烟气层内 CO 浓度在细水雾开启前后变化。可以看出，对于车顶火各纵向通风条件下，细水雾施加后烟气层内 CO 浓度均出现迅速上升后下降的现象，如图 7.16(a)、(b) 所示。对于车顶火，当纵向通风风速为 6m/s 时，CO 曲线峰值最小，这可能与纵向强迫气流把烟气吹至下游，很难上升至测点有关，同时纵向强迫气流也对烟气中有毒气体浓度起稀释作用。从图 7.16(c) 和（d）可以看出，在不同纵向通风条件下，烟气层内 CO 浓度受细水雾的影响相对较小，这可能主要与火源位置和火羽流的浮力有关。

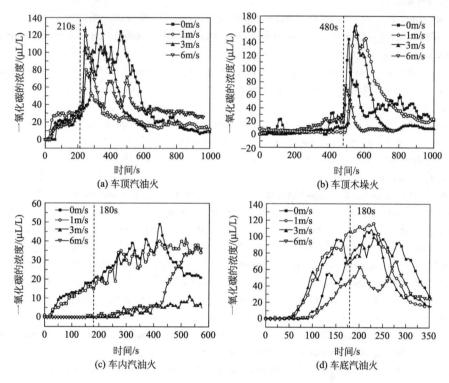

图 7.16　细水雾施加前后不同通风条件下烟气层内 CO 浓度变化

参考文献

[1] 王莉萍. 公路隧道的自动喷水灭火系统和火灾探测系统. 消防技术与产品信息, 2012, (12): 56-58.

[2] 方正, 邓艳丽. 自动喷水灭火系统在地铁隧道工程应用的可行性. 消防科学与技术, 2005, 24 (2): 192-196.

[3] Grant G, Brenton J, Drysdale D. Fire suppression by water sprays. Progress in Energy and Combustion Science, 2000, (26): 79-130.

[4] Liu Z G, Kim A K. A Review of water mist fire suppression systems-fundamental studies. Journal of Fire Protection Engineering, 2000, 10 (3): 32-50.

[5] Mawhinney J R, Richardson J K. A Review of Water Mist Fire Suppression Research and Development, 1996. Fire Technology, 1997, 33 (1): 54-90.

[6] Liu Z G, Kim A K. A Review of water mist fire suppression technology. Part II-Application studies. Journal of Fire Protection Engineering, 2001, 11 (1): 16-42.

[7] Kim S C, Ryou H S. An experimental and numerical study on fire suppression using a water mist in an enclo-

sure. Building and Environment, 2003, 38（11）: 1309-1316.

[8] Liu Z G, Carpenter D, Kim A K. Cooling characteristics of hot oil pool by water mist during fire suppression. Fire Safety Journal, 2008, 43（4）: 269-281.

[9] 王旭红, 刘学志. 细水雾灭火系统在地铁中的应用. 铁路工程造价管理, 2006, 21（5）: 36-38.

[10] 甘世新, 成武发, 宋晓雪. 高压细水雾灭火系统在地铁中应用探讨. 甘肃科技, 2011, 27（8）: 75-77.

[11] Meng N, Hu L H, Liu S, et al. Full-scale experimental study on fire suppression performance of a designed water mist system for rescue station of long railway tunnel. Journal of Fire Sciences, 2012, 30（2）138-157.

[12] Lemaire T, Kenyon Y. Large Scale Fire Tests in the Second Benelux Tunnel. Fire Technology, 2006, 42（4）: 329-350.

[13] Carsten Palle. Full scale tunnel fire tests of VID Fire-Kill Low Pressure Water Mist Tunnel Fire Protection System in Runehamar test tunnel, spring 2009. Fourth International Symposium on Tunnel Safety and Security, Frankfurt am Main. Germany, 2010, 585-589.

[14] Kratzmeir Stefan. Road tunnel protection by Water mist Systems - Implementation of full scale fire test results into a real project. World Tunnel Congress 2008 - Underground Facilities for Better Environment and Safety, India, 2008, 1942-1948.

[15] Guigas X, Wetzig V, Bouteloup C. Dynamic fire spreading and water mist tests for the A86 East Tunnel. Proceedings of the 5th International Conference on Tunnel Fires, London. UK, 2004, 261-270.

[16] Markku Vuorisalo. Tunnel fire protection water mist concept for road and railway tunnels [EB/OL]. Web: www.marioff.com.

[17] Starke H. Fire Suppression in Road Tunnel Fires by a Water Mist System-Results of the SOLIT Project. Forth International Symposium on Tunnel Safety and Security, Germany, 2010, 311-321.

[18] Stahl P. Customized Fire Safety Concept for underground Transportation Facilities, 5th Conference of Fire Safety Concept for Tunnels, Dublin. Ireland, 2006.

[19] Stahl P. A thermodynamic examination of the extinguishing properties of water spray and water mist. 6th Asia-Oceania Symposium on Fire Science and Technology, Daegu. Korea, 2004, 1038-1053.

[20] Amano R, Izushi Y, Kurioka H, et al. Water screen fire disaster prevention system in underground space. 6th Asia-Oceania Symposium on Fire Science and Technology, Daegu. Korea, 2004, 937-979.

[21] Amano R, Izushi Y, Kurioka H, et al. Fire experiments for a road tunnel-water screen as partitioning technology. 8th International Symposium on Fire Safety Science, 2005, 18-23.

[22] Ingason H. Model scale tunnel tests with water spray. Fire Safety Journal, 2008, （43）: 512-528.

[23] 朱伟. 狭长空间纵向通风条件下细水雾抑制火灾的模拟研究. 合肥: 中国科学技术大学, 2006.

[24] 李权威. 狭长空间纵向通风条件下细水雾抑制油池火的实验研究. 合肥: 中国科学技术大学, 2010.

[25] Hu L H, Huo R, Wang H B. Experimental and Numerical Studies on Longitudinal Smoke Temperature Distribution Upstream and Downstream from the Fire in a Road Tunnel. Journal of Fire Sciences, 2007, 25（1）: 23-43.

[26] Yang X H, Lu G J, Liu S L. Study on the relationship between the exposed area of wood crib and its heat release rate. Fire science and technology, 2010, 29（1）: 13-15.